AF358703

AGENDA 2030

EL GRAN DESAFÍO DEL DESARROLLO SOSTENIBLE

MIGUEL LUIS LAPEÑA

www.agenda2030.guiaburros.es

EDITATUM

© **EDITATUM**

© MIGUEL LUIS LAPEÑA

Queda prohibida, salvo excepción prevista en la ley, cualquier forma de reproducción, distribución, comunicación pública y transformación de esta obra sin contar con la autorización de los titulares de propiedad intelectual. La infracción de los derechos mencionados puede ser constitutiva de delito contra la propiedad intelectual (art.270 y siguientes del Código Penal). El Centro Español de Derechos Repográficos (CEDRO) vela por el respeto de los citados derechos.

En la redacción del presente libro mencionamos logotipos, nombres comerciales y marcas de ciertas empresas u organizaciones, cuyos derechos pertenecen a sus respectivos dueños. Este uso se hace en virtud del Artículo 37 de la actual Ley 17/2001, de 7 de diciembre, de Marcas, sin que esta utilización suponga relación alguna del presente libro con las mencionadas marcas ni con sus legítimos propietarios. En ningún caso, estas menciones deben ser consideradas como recomendación, distribución o patrocinio de los productos y/o servicios o, en general, contenidos titularidad de terceros.

Diseño de cubierta: © Marta Villarín (EDITATUM)

Maquetación de interior: © EDITATUM

Primera edición: noviembre de 2021
Segunda edición: mayo de 2022
Tercera edición: noviembre de 2022

ISBN: 978-84-124535-6-0
Depósito Legal: M-32478-2021

IMPRESO EN ESPAÑA/ PRINTED IN SPAIN

Si después de leer este libro, lo ha considerado como útil e interesante, le agradeceríamos que hiciera sobre él una **reseña honesta en cualquier plataforma de opinión** y nos enviara un *e-mail* a **opiniones@guiaburros.es** para poder, desde la editorial, enviarle **como regalo otro libro de nuestra colección.**

Sobre el autor

Miguel Luis Lapeña Cregenzán es diplomado en Ciencias Empresariales por la Universitat Oberta de Catalunya (UOC), diploma posgrado en Dirección de Empresas por la Universitat Pompeu Fabra, diploma posgrado en Liderazgo por la Universitat Rovira y Virgili (URV), título de Experto Universitario en Solución de Conflictos y Mantenimiento de la Paz por la UNED, programa avanzando en Responsabilidad Social por AENOR, certificación *United Nations Global Compact* (programa *SDG Ambition Accelerator*).

En el ámbito municipal ha ocupado diversas responsabilidades como concejal de Cultura, Juventud y Desarrollo Económico del Ayuntamiento de Fraga (Huesca), consejero Comarca del Bajo/Baix Cinca, diputado de régimen interior en DPH y alcalde de Fraga en la legislatura 2015-2019.

En la actualidad, trabaja como gestor de proyectos en Rigual S.A.

Ha escrito más de cuarenta artículos sobre responsabilidad social, Agenda 2030, sostenibilidad y gestión directiva en pymes y empresas familiares.

Agradecimientos

En primer lugar, a mis padres, Miguel y Alegría,
que tanto me han dado y me han enseñado.

A mi querida compañera, Cristina,
porque ha sido el principal pilar y apoyo para escribir este libro,
también a Cristina hija, por su juventud.

A mi hermana Mari Paz, mi cuñado Antonio y mi sobrina
Mara, por todo lo que representan, por su sabiduría y porque
siempre han estado allí.

A mi familia Guiral-Ballabriga, por todo su apoyo y afecto.

Al Presidente del Gobierno de Aragón, don Javier Lambán,
por el magnífico prólogo que figura en la obra.

Al alcalde Francisco Beltrán, por inspirarme en los valores
humanos y éticos.

A nuestro perrito Miki, por sus largas tardes de compañía a mi
lado, mientras escribía este libro.

Índice

Introducción

El libro que tienes en tus manos pretende ser una aportación para destacar la importancia de una de las grandes e innovadoras megatendencias en gestión empresarial y de la administración pública, siendo necesaria para afrontar los retos del cambio climático y la erradicación de la pobreza. Para ello, la principal herramienta estratégica para combatir estas amenazas es la Agenda 2030 de Naciones Unidas.

El principal motivo que me ha llevado a escribir y emprender este proyecto es mi propósito de vida, basado en ayudar a las personas en el ámbito público y privado, desde la propia sociedad, impulsando el desarrollo de la economía local. Por este motivo, quiero aportar mi experiencia y vocación a través de conocer, compartir y divulgar los valores de la Agenda 2030.

Quiero dar las gracias a la Editorial Editatum y a su editor por la gran oportunidad de poder publicar este libro, el cual es todo un ilusionante proyecto y, de todo corazón, al presidente del Gobierno de Aragón, don Javier Lamban, por aceptar realizar el prólogo de esta obra. Es una persona que ha sabido entender muy bien su compromiso con la sociedad y el impulso de los ODS en sus inteligentes acciones de gobierno.

La **Agenda 2030** fue aprobada en 2015 por todos los Estados miembros de la ONU y tiene como principal objetivo contribuir a conseguir los 17 Objetivos de Desarrollo Sostenible ODS y sus 169 metas, para mejorar las condiciones de vida del planeta y las oportunidades de las personas, afrontando los retos del nuevo desafío global. Siempre, desde una óptica de paz duradera, con el fin de conseguir la prosperidad de los habitantes del mundo impulsando alianzas, muchas de ellas, público-privadas.

Es significativo destacar que la Agenda 2030 se ha diseñado cumpliendo con la Carta de Derechos Humanos de Naciones Unidas y con los Diez Principios del Pacto Mundial-Global Compact.

La Agenda 2030 es una estrategia que también tiene como objetivo evitar las desigualdades entre países y personas. Por este motivo, su primer Objetivo de Desarrollo Sostenible, El ODS 1, es poner fin a la pobreza que, por desgracia en pleno siglo XXI, es uno de los principales problemas en muchos países del mundo.

Quiero subrayar que esta obra es fruto del extracto de los diversos artículos de opinión que, durante dos años, he ido publicando en prensa y *blogs* especializados, como son el *Periódico de Aragón*, el *Diario del Altoaragón*, el Think Net de Sostenibles.org y TolimaOnline, a quienes desde estas páginas es de humildad destacar su confianza. Es una obra que tiene como misión aportar una contribución para la mejora del planeta, de la calidad y de las oportunidades de las personas, pero también pretende ser una guía para que las pymes-empresas familiares y trabajadores autónomos puedan aplicar en su estrategia y en su propuesta de valor los Objetivos de Desarrollo Sostenible de la ONU, reafirmando el compromiso de pertenencia e identidad con la Agenda 2030.

La obra está distribuida en ocho capítulos y un apartado de conclusiones que definen qué es la Agenda 2030, los Objetivos de Desarrollo Sostenible, los nuevos liderazgos, su implantación en la empresa y en la Administración Pública. Hace una especial reflexión sobre los retos que suponen los fondos europeos, la ética y la transparencia en la gestión y el impacto en los grupos de interés, finalizando con un apartado de buenas prácticas.

Este libro pretende ser una pequeña contribución a la mejora del planeta y a las oportunidades de sus habitantes. Va dirigido a empresarios, directivos, responsables políticos, funcionarios públicos, profesorado de la Universidad e Institutos, pero principalmente a los jóvenes que, desde su formación intelectual, integren los Objetivos de Desarrollo Sostenible como un activo.

Son años en los que vivimos momentos muy significativos en la transformación de las organizaciones. La Agenda 2030 y el fomento de la sostenibilidad son elementos claves para reorientar la cultura empresarial y pública a través de la definición de un nuevo propósito, más innovador y creativo.

Para finalizar, os invito a leer este proyecto divulgador, el cual me gustaría que sirviera para reflexionar sobre los **desafíos de la Agenda 2030** y su implementación en las empresas, especialmente en las pequeñas y medianas, así como en las Administraciones Públicas, pero, sobre todo, os animo a seguir difundiendo los beneficios estratégicos de la implantación de los Objetivos de Desarrollo Sostenible en todos los campos, tanto públicos como privados.

En definitiva, un libro, una ilusión, que pretende dejar huella en el entorno de manera positiva, contando con las personas y, sobre todo, desde un nuevo liderazgo más amable y participativo, con principios verdes y sostenibles, criterios alineados con mi propósito de vida, siempre ayudando a los demás.

Os animo a participar en la lectura de esta gran aventura. Empezamos el viaje por la Agenda 2030.

Miguel Luis Lapeña Cregenzán
Microinfluencer en #RSC #ODS #Sostenibilidad

Prólogo

Hacia un Aragón verde, social y digital

Agradezco y felicito a Miguel Luis Lapeña por realizar esta publicación sobre la Agenda 2030 y ayudar a divulgar esta gran iniciativa.

La Agenda 2030 es el principal contrato de progreso social que la humanidad, en el marco de las Naciones Unidas, adoptó en 2015 para poder hacer frente a los enormes retos a los que nos enfrentamos.

La Agenda 2030 fue fruto de un diagnóstico —basado en evidencias— y de un proceso participativo sin precedentes. El mensaje es claro: es necesario movilizar más fondos y, sobre todo, con mayor capacidad de transformación para acometer empresas como la adaptación al cambio climático, como la preservación de los recursos naturales, o parar el incremento de las desigualdades.

Los 17 ODS suponen un marco de trabajo compartido y voluntario que se ha visto reforzado en los últimos tres años de una forma global. Esta década de acción ha comenzado con una pandemia que nos ha mostrado los efectos nefastos que dichos riesgos pueden tener sobre nuestras vidas. También nos ha mostrado la estrecha relación entre los distintos ODS. Y hemos visto qué importante es el multilateralismo y las alianzas para trabajar juntos, bien sea para frenar los efectos de la crisis o para salir de la crisis sin dejar a nadie atrás.

En el caso de Aragón, entendimos la Agenda 2030 como la brújula que guía todas nuestras políticas, orientadas a conseguir los ODS hacia el Aragón verde, social y digital. Además, admitimos que no podíamos nunca alcanzar los impactos deseados sin admitir nuestra limitada capacidad e invocando permanentemente al diálogo y al compromiso por encontrar soluciones compartidas.

Esta apuesta se ha visto reforzada durante la crisis sanitaria, económica y social, y es por ello que nuestro compromiso con el desarrollo sostenible es mayor aún para la recuperación. El diagnóstico, las inversiones y las reformas ya están en marcha y esperamos que su impacto sea mayor gracias a los fondos europeos de recuperación y a la involucración de todos y cada uno de los aragoneses.

Necesitamos que la prosperidad que proponen los ODS sea compartida y que incorpore las perspectivas del mayor número de personas posible, especialmente de quienes más necesitan dicho progreso. Estamos convencidos de que las transiciones verde y digital pueden ir esta vez de la mano de una mayor cohesión social y territorial, con el empleo y la formación como estrategias clave.

En los siguientes capítulos encontrarán buenas prácticas y herramientas relacionadas con estas claves. El autor de este libro, Miguel Luis, se define como *microinfluencer* en

Agenda 2030. Este anglicismo me sirve para insistir en la importancia que tenemos cada uno de nosotros, en nuestro ámbito laboral o personal, para alcanzar los ODS. No solo tenemos que hacer, además debemos comunicarlo de la forma más eficaz posible.

Disfrútenlo y compártanlo.

Javier Lambán Montañés
Presidente de Aragón

¿Qué es la Agenda 2030?

Objetivos de Desarrollo Sostenible

Los 17 Objetivos de Desarrollo Sostenible aprobados por todos los Estados miembros de las Naciones Unidas para el Desarrollo Sostenible son los siguientes:

1. Fin de la pobreza
2. Hambre cero
3. Salud y bienestar
4. Educación de calidad
5. Igualdad de género
6. Agua limpia y saneamiento
7. Energía asequible y no contaminante
8. Trabajo decente y crecimiento económico
9. Industria, innovación e infraestructura
10. Reducción de las desigualdades
11. Ciudades y comunidades sostenibles
12. Producción y consumo responsables
13. Acción por el clima
14. Vida submarina
15. Vida de ecosistemas terrestres
16. Paz, justicia e instituciones sólidas
17. Alianzas para lograr los Objetivos

El desafío de Naciones Unidas

La Asamblea General de Naciones Unidas aprobó la Resolución de la Constitución de la Agenda 2030 para el Desarrollo Sostenible el 25 de septiembre de 2015, un acuerdo que fue ratificado en sesión plenaria por la unanimidad de todos sus países miembros.

Una resolución basada en la Declaración Universal de Derechos Humanos de Naciones Unidas y donde establece el compromiso de erradicar la pobreza en el mundo, aspecto clave para conseguir el desarrollo sostenible en todos los países.

La Agenda 2030 está integrada por 17 Objetivos de Desarrollo Sostenible, desglosando las acciones de los ODS en 169 metas, las cuales se encuentran alineadas con los Diez Principios del Pacto Mundial (Global Compact), basados en los derechos humanos, normas laborales, medio ambiente y anticorrupción.

Los 17 Objetivos de Desarrollo Sostenible (ODS), engloban las siguientes áreas de acción:

- Pobreza
- Seguridad alimentaria
- Mejorar la nutrición
- Medio ambiente
- Igualdad
- Educación
- Empleo
- Social
- Innovación
- Paz y justicia

Se trata de un pacto ambicioso, innovador y comprometido con la lucha contra el cambio climático, un plan estratégico donde el presente y el futuro de la humanidad y del planeta son sus ejes fundamentales, siempre bajo el reto y el compromiso que se declara en el acuerdo de resolución basado en la prosperidad *"de fortalecer la paz universal y el acceso a la justicia".*

En este hito histórico es loable destacar el liderazgo impulsado por el secretario general de la ONU Ban Ki Moon el cual, en la etapa de enero de 2007 a diciembre de 2016, estableció una gran visión con la aprobación de la Agenda 2030. También es importante destacar el gran compromiso adquirido por el actual secretario general, el portugués António Guterres, por su impulso a la Década de Acción de la Agenda 2030.

La **Agenda 2030**[1] no es un acuerdo genérico, se trata de un acuerdo histórico que nace para corregir las desigualdades y las amenazas creadas por una economía globalizada y lineal en la cual su pensamiento estaba basado en que los recursos del plantea son infinitivos, impulsando un nuevo marco bajo los innovadores criterios de la economía circular.

Para su implementación coge mucha fuerza el ámbito local, siendo clave para su impulso y sus acciones, ya que existe una clara responsabilidad de todos los Estados de

---

1. Enlace de la nota de prensa de fecha 25 de septiembre de 2015 de Naciones Unidas sobre la aprobación de la Agenda 2030: https://www.un.org/sustainabledevelopment/es/2015/09/la-asamblea-general-adopta-la-agenda-2030-para-el-desarrollo-sostenible/

promover su movilización y de poner a disposición de la Agenda 2030 los recursos necesarios con un objetivo común: cubrir las necesidades de las personas con menos oportunidades, siendo estas más vulnerables.

En dicho comunicado es notorio destacar el compromiso de los Estados miembros de Naciones Unidas con la constitución de la Agenda 2030, donde cabe recordar una vez más, que fue un acuerdo tomado por unanimidad, un alto consenso que en los tiempos actuales es más necesario que nunca, para afrontar los desafíos globales. Para reforzar ese concepto de unidad de los Estados, es importante destacar las palabras de sus representantes tras la Declaración Institucional de resolución de la Agenda 2030:

> Estamos resueltos a poner fin a la pobreza y el hambre en todo el mundo de aquí a 2030, a combatir las desigualdades dentro de los países y entre ellos, a construir sociedades pacíficas, justas e inclusivas, a proteger los derechos humanos y promover la igualdad entre los géneros y el empoderamiento de las mujeres y las niñas, y a garantizar una protección duradera del planeta y sus recursos naturales.[2]

De estas palabras institucionales de los representantes de los Estados, se desprenden compromisos destacables en el impulso de la Agenda 2030 y de los ODS:

---

2. Palabras extraídas de la nota de prensa de la ONU sobre la resolución de la constitución de la Agenda 2030.

- Combatir las desigualdades.
- Construir sociedades pacíficas.
- Proteger los derechos humanos.
- La promoción de la igualdad de género.
- Garantizar la protección del planeta.

Reflexiones inteligentes y con visión, con altura de miras, necesarias para cumplir los Objetivos del año 2030, porque queda mucho trabajo por hacer. Por este motivo, es importante destacar la importancia de la **Década de Acción** impulsada por Global Compact (Naciones Unidas) bajo la actual etapa de António Guterres.

La Década de Acción se constituye a través de la reunión de septiembre de 2019 en la ONU de los líderes mundiales para revisar el progreso y la evolución de los 17 Objetivos de Desarrollo Sostenible. Como conclusión a este encuentro, y en base a los resultados de los estudios *UN Global Compact Progress Report 2019* y el *UN Global Compact-Accenture Strategy CEO Study 2019,* se determina que en los diez años que quedan hasta el 2030 es clave el compromiso activo de las empresas y pymes para alcanzar los ODS.

Es cuando el Pacto Mundial de Naciones Unidas lanza el programa **SDG Ambition** que tiene como objetivo *"desafiar y apoyar a las empresas para que sean más estratégicas y transformadoras en la forma en la que dirigen sus negocios con vistas a cumplir con la Agenda 2030"*. Es importante destacar las palabras de António Guterres, secretario general de la ONU: *"Lo que necesitamos no es un* *enfoque incremental, sino un enfoque transformador, y necesitamos que las empresas se unan detrás de la ciencia tomando medidas rápidas y ambiciosas en todas sus operaciones y cadenas de valor"*. Aquí radica la importancia de la estrategia **SDG Ambition** en las empresas y por supuesto en las pymes.

En el año 2020 se cumplió el 20 aniversario de Global Compact, donde se impulsan los Diez Principios del Pacto Mundial y los cinco años de la implantación de los **Objetivos de Desarrollo Sostenible (ODS)**. Estas celebraciones son una buena oportunidad para seguir trabajando con actitud optimista desde todos los ámbitos para la consecución de los ODS, siempre para mejorar la calidad de vida de las personas. Para conseguir este reto es clave la colaboración público-privada, donde el ODS 17 (Alianzas para conseguir los Objetivos) debe de ser el punto de encuentro y de inflexión en los ámbitos de actuación. Aspecto colaborativo que se ha puesto en valor durante la COVID-19.

Cada vez son más las empresas que reorientan su propósito hacia los valores que traslada la Agenda 2030 de la ONU. Uno de esos valores, el relacionado con la ética y la transparencia, se orienta hacia un nuevo modelo de gobernanza, elemento clave y diferenciador de las nuevas corrientes en gestión empresarial, sin dejar de lado la igualdad y el papel de la mujer. Naciones Unidas ha impulsado un gran reto, un gran desafío, ha puesto los medios y los recursos necesarios a través de las redes locales del Pacto Mundial (Global Compact), pero ahora depende de todos nosotros el poder trabajar con resiliencia y de manera alineada para cumplir con lo establecido en la Agenda 2030. Es momento de pasar a la acción.

De la teoría a la acción

La Agenda 2030 ha sido una prioridad para Naciones Unidas y para los Estados y también lo está siendo para las empresas y para las administraciones públicas. La crisis sanitaria ha acelerado todo este proceso aumentando la responsabilidad y la implementación de los ODS en las estrategias de las empresas, tanto en sus objetivos, como en los sistemas de reporte y transparencia a través de las memorias de sostenibilidad.

La pospandemia requiere de un nuevo contrato social en el que todos hemos de ser más iguales y en el que los criterios verdes y sostenibles avancen con fuerza. Los 17 ODS han de ser un pilar clave para esta nueva situación que, como sociedad, nos toca afrontar juntos y con responsabilidad. Ese contrato social requiere un nuevo diálogo, un impulso basado en el objetivo de no dejar a nadie atrás, que evite mayores desigualdades y en el que exista el máximo consenso posible para que este sea una realidad, siempre bajo la óptica de mejorar las oportunidades y la prosperidad de las personas y del planeta.

En agosto de 2021 se publicó el último informe de *The Intergovernmental Panel On Climate Change 2021 (IPCC)* el cual pone de manifiesto que el cambio climático es una realidad y que el clima extremo se implanta en nuestro planeta a una gran rapidez, a causa de la mano del hombre.[3] Este sexto estudio de IPCC nos debe hacer reflexionar y, principalmente, nos debe hacer impulsar estrategias comprometidas y realistas para erradicar los daños que el cambio climático está generando en nuestro planeta, debido a un modelo económico basado en la ilimitación de los recursos naturales, toda una gran amenaza.[4]

Ese es el papel de los gobiernos y de las empresas para el impulso de la acción de la Agenda 2030 en sus líneas estratégicas. Sobre este informe, es significativo destacar las declaraciones realizadas por António Guterres, secretario general de la ONU: *"Es un código rojo para el mundo"*, debidas a que los científicos llaman a la acción para reducir las emisiones a fin de evitar una subida de temperatura de 4 ºC para el final del presente siglo.

Para pasar a la acción de la Agenda 2030 es clave la labor que desarrolla el Pacto Mundial de Naciones Unidas (Global Compact) que tiene como visión la implementación de los Diez Principios para promover el desarrollo sostenible en las áreas de los derechos humanos y de empresa, de las normas laborales, del medio ambiente y de la lucha contra la corrupción en las actividades y estrategias empresariales.

---

3. https://www.lavanguardia.com/natural/20210809/7651877/clima-extremo-generaliza-manera-vez-mas-rapida-e-intensa-planeta.html
4. 6º Informe de Evaluación Climate Change 2021 IPCC: https://www.ipcc.ch/report/ar6/wg1/

Global Compact cuenta con más de 12 500 entidades adheridas en más de 160 países, siendo hasta la actualidad la mayor iniciativa de responsabilidad social empresarial del mundo.

Los **objetivos** de Global Compact[5] son:

1. Incorporar los Diez Principios en las actividades empresariales de todo el mundo.
2. Canalizar acciones en apoyo de los objetivos más amplios de las Naciones Unidas, incluidos los Objetivos de Desarrollo Sostenible (ODS).

En nuestro país hay que destacar la importancia de la labor que realiza la Red Española del Pacto Mundial que cuenta en la actualidad con 1508 entidades adheridas, de ellas un 22 % son grandes empresas y un 61 % pymes, mientras que un 16 % son empresas del tercer sector. Lo más destacable es el alto nivel de participación de las pymes (61 %) en la Red Española del Pacto Mundial. Es clave recordar que las pequeñas y medianas empresas, muchas de ellas familiares, son un eslabón estratégico de la economía del país.

Con el claro compromiso de que el sector privado se adhiera a la estrategia de la Agenda 2030 implementando los ODS en sus negocios, la Red Española del Pacto Mundial impulsa los siguientes programas:

---

5. https://www.pactomundial.org/global-compact

- **SDG Ambition:** alineado con la Década de Acción y el impulso de los ODS en las empresas.
- **Target Gender Equality (TGE):** el empoderamiento de la mujer en el ámbito empresarial.
- **Climate Ambition Accelerator:** tiene como objetivo acelerar el progreso en objetivos basados en la ciencia y alcanzar el cero neto para 2050.

La Agenda 2030 no deja de ser una hoja de ruta que permite a las empresas implantar acciones estratégicas alineadas con los 17 ODS, recogiendo sus 169 metas y los Diez Principios del Pacto Mundial.

Desde Global Compact de Naciones Unidas se ha lanzado el **proyecto SDG Ambition,**[6] que tiene como objetivo ampliar el impacto de las empresas en la Década de Acción porque, según la ONU, 700 millones de personas viven en la pobreza extrema, tardaremos 202 años en cerrar la brecha de género, el calentamiento del planeta está creciendo a pesar de los acuerdos actuales y los océanos cada año recogen ocho millones de toneladas de plástico. Datos y cifras para reflexionar, que requieren de soluciones inminentes e igualitarias por el bien del planeta y por el futuro de las personas. Por este motivo, hay que pasar a la acción. Son las empresas y, por supuesto las pymes, las que deben liderar este proyecto global con una planificación a medio y largo plazo y un enfoque en los siguientes éxitos que establece la guía:

---

6. https://www.unglobalcompact.org/take-action/sdg-ambition

- Desarrollar soluciones para hacer frente a los desafíos del mundo.
- Redefinir el éxito empresarial sobre la base de un propósito y con una visión enfocada a los *stakeholders.*
- Adoptar un modelo de liderazgo más centrado en las personas, que son las protagonistas.

Es momento de plantearse, desde las pymes, nuevos modelos de gobernanza que impulsen los derechos humanos, la lucha contra el cambio climático y recojan en la estrategia el compromiso con la igualdad para reforzar el papel de la mujer. Para conseguirlo, es básico aumentar la ambición en materia de ODS porque estamos en la Década de Acción, en la que hay que afrontar los problemas globales aportando soluciones locales. Las pymes recogen en su **ADN y propósito** esa capacidad innovadora de adaptarse al entorno y de generar nuevos valores a través de servicios y productos sostenibles, donde la alineación de los objetivos estratégicos con el proyecto SDG Ambition de Naciones Unidas es necesario para conseguir la Agenda 2030 en el plazo establecido y contribuir a obtener un éxito sostenible y colectivo. Desde el ámbito empresarial y desde las pymes se requieren nuevas capacidades de innovación, nuevos liderazgos y un refuerzo en las alianzas interactuando con los grupos de interés. Son los ingredientes claves para afrontar la Década de Acción, recogen el programa SDG Ambition a través de un nuevo modelo de gestión empresarial, más inspirador, y permiten la implantación de los 17 ODS en las empresas y en las pymes, diferenciándose por impulsar factores claves de éxito en las organizaciones.

En la comunicación pública de la Red Española del Pacto Mundial sobre los resultados del programa SDG Ambition —edición 2021— cabe destacar que han participado más de 650 empresas, procedentes de sesentaicinco países, las cuales engloban a 7,9 millones de empleados/as. Por lo que respecta a nuestro país, han participado un total de sesentaisiete empresas de diversos sectores económicos.

Otro de los proyectos englobados en la Década de Acción e impulsados por Global Compact y la Red Española del Pacto Mundial, es el ***Climate Ambition Accelerator,*** que tiene como objetivo la medición de los gases de efecto invernadero como estrategia en las empresas y pymes para conseguir los objetivos de neutralidad del carbono establecidos para el 2050.

El programa es una guía formativa y de experiencias para fijar los objetivos ambiciosos de reducción del CO_2, en base a los compromisos de la alta dirección para implantar en la empresa elementos de contabilidad y de reporte en materia de gases de efecto invernadero alineados bajo criterios de transparencia.

Para conseguir estos retos, es fundamental el liderazgo de los CEOS por participar como socios de la Red Española del Pacto Mundial y sumarse a sus diversas iniciativas, planes de formación y publicaciones, transformando sus organizaciones en negocios basados en la sostenibilidad y reportando de manera innovadora y transparente a través de la triple cuenta de resultados.

Proyectos como *UN Global Compact Strategy 2021-2023*, que tiene como objetivo promover la acción y la *Accontability* orientando siempre sus acciones de diálogo con los grupos de interés a través de la información no financiera, son claves para impulsar acciones de los ODS, concretamente con el ODS 16: Paz, justicia e instituciones sólidas.

Para pasar a la acción de la Agenda 2030 necesitamos líderes más sostenibles, más innovadores y, sobre todo, que impulsen los valores de la Agenda 2030 y la estrategia de los ODS en el *Core Business* de sus empresas.

No olvidemos que la Agenda 2030 es una de las megatendencias en gestión empresarial. Para pasar a la verdadera acción es necesario diseñar un nuevo propósito adaptado a los comportamientos, valores y hábitos de la organización. Esta es la función del líder, construir organizaciones sobresalientes.

De lo contrario, aquellas organizaciones por pequeñas que sean que no adapten su estrategia a los ODS con el tiempo dejaran de ser competitivas en el mercado, porque, cada vez más, los consumidores apuestan por empresas que impulsen **criterios ASG:** Ambientales, Sociales y de Gobernanza.

No es necesario para una pyme recoger los 17 ODS en todas sus líneas estratégicas, simplemente con recoger dos o tres ODS, como por ejemplo el ODS 5: Igualdad de género; el ODS 8: Trabajo decente y crecimiento económico o el ODS 3: Salud y bienestar, pueden contribuir a realizar impactos positivos en la sociedad, mejorando su reputación, su imagen de marca, impulsando buenas prácticas y, sobre todo, aplicando cuatro elementos claves:

1. Establecer objetivos medibles y cuantificables.
2. Llevar a cabo el seguimiento de los objetivos (metas anuales).
3. Comunicar los objetivos a los *stakeholders*.
4. Reportar.

Ello, solo se consigue con un compromiso de la alta dirección, con la comunicación de los objetivos alienados con los ODS a todas las personas que forman la organización y con un liderazgo humilde, sostenible e innovador, en el que las personas sean el centro de la estrategia de la Agenda 2030 en las empresas y organizaciones.

Para reafirmar el buen trabajo de la Red Española del Pacto Mundial, un ejemplo de dinamismo fueron las jornadas "Semana de los ODS", que se programaron en septiembre de 2021, con motivo del 6º Aniversario de la aprobación de la Agenda 2030 y de los 17 Objetivos de Desarrollo Sostenible, para impulsar un llamamiento sectorial a la acción para poner fin a la pobreza, proteger el planeta y reducir las desigualdades.

El pasado 23 de septiembre de 2021 se presentó públicamente el Informe elaborado por la Red Española del Pacto Mundial *"ODS, AÑO 6. La Agenda 2030 desde un enfoque sectorial: creando sinergias entre las empresas"*.

Un documento que pone en valor tres ideas importantes:

- La lentitud de la aplicación de los ODS.
- La aceleración de la implantación de los ODS tras la Covid-19.
- Las oportunidades de los fondos europeos.

Todo ello, enfocado a acelerar los retos de la Agenda 2030 como una necesidad de progreso sostenible y, sobre todo, con la idea principal de inspirar a las empresas y principalmente a las pymes en su implementación.

Las tendencias que resalta el informe son un impulso sectorial para compartir objetivos, aumentando las alianzas, reforzando el concepto de sostenibilidad, impulsando un mayor grado de ambición para conseguir los Objetivos de la Agenda 2030 a través de un esfuerzo colectivo, donde la reinvención de los negocios y el papel de las organizaciones sectoriales son claves.

El informe[7] establece varias líneas de actuación para potenciar el cambio sistemático, desarrolladas a través de tres palancas alineadas con los 17 ODS y con los Diez Principios del Pacto Mundial:

- Establecer hojas de ruta sectoriales.
- Marco adecuado normativo.
- Recuperación sostenible.

---

7. Informe ODS Año 6: https://sectoresxlosods.org/agenda-2030

Empresas, administraciones, el tercer sector, los ciudadanos, todos en general, hemos de pasar a la acción, comprometiéndonos por conseguir un planeta mejor, porque los datos climáticos son cada vez más preocupantes. Para ello, y más en una sociedad pospandemia, la acción decidida y conjunta es básica para conseguir los ODS y sus metas a través de la colaboración público-privada.

Los Objetivos de Desarrollo Sostenible (ODS)

Concepto de los Objetivos de Desarrollo Sostenible

En el apartado anterior, hemos descrito qué es la **Agenda 2030,** la cual está constituida por cinco elementos claves, que son su base y estructura, siempre para conseguir un planeta mejor, con mayores oportunidades para las personas y con un marco temporal de actuación, establecido en el año 2030:

- Personas
- Planeta
- Prosperidad
- Paz
- Alianzas

Para conseguir estas cinco líneas estratégicas de actuación se proponen los Objetivos de Desarrollo Sostenible (ODS), formados por 17 Objetivos, los cuales constituyen una convocatoria universal a la acción, para mejorar la calidad de vida de todas las personas que formamos nuestro planeta:

- ODS 1: Fin de la pobreza.
- ODS 2: Hambre cero.
- ODS 3: Salud y bienestar.
- ODS 4: Educación de calidad.
- ODS 5: Igualad de género.
- ODS 6: Agua limpia y saneamiento.
- ODS 7: Energía asequible y no contaminante.
- ODS 8: Trabajo decente y crecimiento económico.
- ODS 9: Industria, innovación e infraestructuras.
- ODS 10: Reducción de las desigualdades.
- ODS 11: Ciudades y comunidades sostenibles.
- ODS 12: Producción y consumos responsables.
- ODS 13: Acción por el clima.
- ODS 14: Vida submarina.
- ODS 15: Vida de ecosistemas terrestres.
- ODS 16: Paz, justicia e instituciones sólidas.
- ODS 17: Alianzas para conseguir los Objetivos.

Los Objetivos de Desarrollo Sostenible están formados por **169 metas,**[8] las cuales son los puntos de partida y de acción para poder impulsar cada uno de ellos. Las metas abarcan las siguientes líneas sectoriales: económica, social y ambiental. Un ejemplo de aplicación de las diferentes metas en el ODS 8: Trabajo decente y crecimiento económico son: crecimiento económico, pleno empleo y trabajo decente, oportunidades para los jóvenes en materia de educación y empleo.

---

8. Red Española del Pacto Mundial: 17 ODS–169 metas: https://www.pactomundial.org/ods/

Cada una de las diferentes metas cuentan con una serie de indicadores, por ejemplo, para el ODS8 (Trabajo decente y crecimiento económico) uno de sus KIPs es: en 2017, la tasa mundial de desempleo se situaba en el 5,6 %, frente al 6,4 % del año 2000.

Los 17 ODS y sus diferentes metas serían imposibles conseguirlas si no existiera un compromiso de toda la sociedad, tanto del sector público, como del sector privado. Por ello, en la Década de Acción, es clave el papel de las empresas, de los sectores económicos y sociales y de las diferentes administraciones públicas. Para conseguir que en el año 2030 se pueda cumplir con lo establecido por la Agenda 2030 es necesario que ese compromiso de impulso de los ODS se lleve a cabo en todos los países del planeta por igual, aspecto que no está sucediendo. Sin embargo, el liderazgo de António Guterres en Naciones Unidas puede ser una esperanza y una oportunidad para logarlo.

Una realidad más necesaria que nunca, donde los ODS, como el ODS 3: Salud y bienestar y el ODS 13: Acción por el clima, son claves para evitar esa vulnerabilidad sufrida tanto en el aspecto sanitario, como en el económico, transformándolos en herramientas para impulsar una mejora del sistema sanitario y revisar el actual modelo económico.

Los 17 Objetivos de Desarrollo Sostenible son un elemento transcendental y de visión estratégica para las empresas, pero es necesario un liderazgo innovador que alinee las estrategias de las organizaciones con los diferentes ODS que quieren impulsar. Es momento de actuar y de sumar, porque es necesario para la salud del planeta y de sus habitantes cumplir con la Agenda 2030,[9] de lo contrario, acabaremos pasando factura a las próximas generaciones, dejándoles un planeta menos sostenible y habitable, porque las recientes catástrofes naturales son un claro ejemplo de ello.

Qué mejor que ilustrar los ODS con un ejemplo, para ello nos vamos a centrar en el **ODS 8: Trabajo decente y crecimiento económico** y concretamente en la meta 8.5: Pleno empleo y trabajo decente. ¿Por qué esta meta? porque es una necesidad imperiosa para una persona de cualquier país del mundo poder optar a un puesto de trabajo con un salario decente, para el impulso de la prosperidad, la retención del talento, el desarrollo de los territorios, la igualdad de oportunidades y el crecimiento familiar, siempre con el objetivo de erradicar la pobreza laboral.

En el caso de España, el Art. 35 de la Constitución Española establece:

1. Todos los españoles tienen el deber de trabajar y el derecho al trabajo, a la libre elección de profesión u oficio, a la promoción a través del trabajo y a una remuneración suficiente para satisfacer sus necesidades y las de su familia, sin que en ningún

---

9. Agenda de Desarrollo Sostenible: https://www.un.org/sustainabledevelopment/es/development-agenda/

caso pueda hacerse discriminación por razón de sexo.

2. La ley regulará un estatuto de los trabajadores.

Sobre este aspecto, cabe resaltar que en muchos países prevalece la precariedad laboral, la explotación infantil en el trabajo y, sobre todo, que no existe ningún ordenamiento que regule la negociación salarial y las condiciones mínimas de los salarios. Aquí juegan un papel clave los gobiernos de las naciones impulsando el ODS 8: Trabajo decente y crecimiento económico.

Nos encontramos ante muchos retos por delante como es equiparar un salario digno o eliminar la explotación laboral, tal y como lo establecen los Principios del Pacto Mundial: *"La Declaración de la Organización Internacional del Trabajo relativa a los Principios y Derechos Fundamentales en el Trabajo"*. Para ello, como podemos ver, la aplicación del **ODS 8** es básico para conseguir este objetivo universal.

Cada vez son más las pymes y grandes compañías las que recogen en su estrategia empresarial los Objetivos de Desarrollo Sostenible, siendo un elemento diferenciador en el modelo de gestión empresarial y, sobre todo, liderando, desde las pymes, una nueva economía más sostenible, donde los ODS y sus metas son claves para conseguir los objetivos y resultados colectivos.

Los 17 Objetivos de Desarrollo Sostenible

En noviembre de 2020 se presentaron los resultados de la consulta[10] *"Contribución de las empresas españolas a la estrategia de Desarrollo Sostenible 2030"*, impulsada y coordinada por el Ministerio de Derechos Sociales y Agenda 2030 y por la Red Española del Pacto Mundial.

Una de las principales conclusiones del estudio es que las empresas consideran que es un beneficio implementar los **Objetivos de Desarrollo Sostenible** en sus estrategias de negocio: un 81 % de las empresas encuestadas conoce los ODS, mientras que un 89 % afirma que su actividad puede tener impacto en los ODS, resultados que se pueden analizar en el siguiente gráfico:

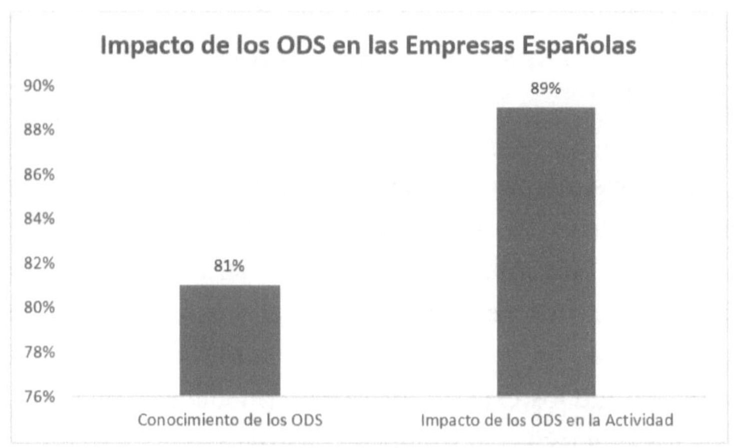

---

10. https://www.agenda2030.gob.es/recursos/docs/Consulta_empresarial_Pacto_Mundial.pdf

Como pretende poner en valor esta obra, todavía queda mucho trabajo por hacer y este dato lo demuestra: un 47 % de las empresas afirma contar con la implantación de políticas de fomento de la sostenibilidad o de responsabilidad social empresarial, un dato para reflexionar y para hacer una llamada a la acción colectiva.

Un 48 % de las empresas consultadas se identifican con los siguientes ODS prioritarios:

- ODS 3: Salud y bienestar.
- ODS 5: Igualdad de género.
- ODS 13: Acción por el clima.

Estos son los sectores económicos que tienen implantados los ODS en sus estrategias:

- Empresas del sector del medioambiente.
- Empresas del sector energético.
- Empresas del sector de utilidades.

En el estudio, se han establecido seis ejes de actuación para acelerar la contribución empresarial de los ODS:

1. Estrategia como marco para la recuperación.
2. Finanzas Sostenibles. Taxonomía UE.
3. Dimensión normativa.
4. Integración de los ODS en las pymes.
5. Respeto a los derechos humanos.
6. Compromisos cuantificables.

Estas seis líneas de actuación no dejan de ser un **plan estratégico innovador** y acorde a las demandas de la sociedad sobre el impulso de los ODS en su propósito como organización, tanto pública como privada. Para conseguirlo, es necesario adaptar la cultura y valores de la empresa, orientada hacia la sostenibilidad y la digitalización, detectando las necesidades de los *stakeholders* y contando principalmente con personas motivadas a través de liderazgos amables y compartidos, como vamos indicando en esta guía.

Un 83 % de las empresas que trabajan con la Agenda 2030 actúan, principalmente, con la implantación de los siguientes objetivos: ODS 3: Salud y bienestar, ODS 5: Igualdad de género, y el ODS 13: Acción por el clima.

Hay que destacar que los ODS menos trabajados son el ODS 2: Hambre cero, el ODS 14: Vida submarina y el ODS 16: Justicia e instituciones sólidas.

El coronavirus ha servido para acelerar la puesta en funcionamiento de la Agenda 2030 en la empresa, con un mayor compromiso y liderazgo del sector empresarial, principalmente por lo que respecta al medio ambiente y al cuidado y protección de la salud de las personas.

El 59 % de las empresas consultadas considera que la pandemia afectará de forma positiva a la integración de la sostenibilidad en su compañía.

Si analizamos al sector de microempresa y pyme, un 83,25 % llevan a cabo acciones relacionadas con los ámbitos de los ODS, siendo los más implantados:

- ODS 3: Salud y bienestar.
- ODS 5: Igualdad de género.
- ODS 8: Trabajo decente y crecimiento económico.
- ODS 13: Acción por el clima.

Como reflexión a esta consulta, es necesario poner en valor que, para la consecución de los Objetivos 2030, es fundamental impulsar las acciones de integración de los ODS en el ámbito empresarial y perseguir las alianzas para conseguir los Objetivos (ODS 17).

En el apartado anterior, hemos definido los 17 ODS recogidos en la Agenda 2030. Recientemente se ha abierto un debate público liderado, principalmente, por ámbitos de colectivos y universidades de Iberoamérica, donde reclaman la implantación del **ODS 18.**

En mi opinión, se tratan de demandas loables y que están comprometidas con los valores de la Agenda 2030, pero también es verdad que, para diseñar y aprobar nuevos ODS, es necesario poner en funcionamiento los 17 ODS aprobados en 2015, así como sus respectivas metas.

Con esta guía lanzo una reflexión sobre esta demanda sostenible, dejando claro que, para aprobar un nuevo ODS, es necesario generar la propuesta, debatirla y aprobarla con el mayor consenso e involucración posible. Mi propuesta, como autor de esta obra, es denominar este Objetivo como: *"ODS 18: Personas y planeta"*, porque define muy bien a quién y para quién van orientados los 17 Objetivos de la Agenda 2030, siendo las personas las verdaderas protagonistas y beneficiarias de cada uno de los diferentes ODS, así como de la conservación del planeta.

Como conclusión a este punto, es necesario lanzar una reflexión: la economía tradicional ha generado muchas oportunidades, pero también nos ha llevado a un desgaste del planeta y de sus recursos limitados. Es tiempo de actuar, es tiempo de impulsar una economía verde y circular.

En la Década de Acción y para poder cumplir con los 17 Objetivos de la Agenda 2030 de Naciones Unidas es necesario generar nuevos modelos de gestión de negocio, de diseño y de producción más sostenibles y acordes con las necesidades climáticas y con las demandas de la propia sociedad. Para ello, son claves los nuevos liderazgos que sumen y aporten soluciones compartidas.

Nuevos tiempos Nuevos liderazgos

El papel de los líderes

La degradación del planeta va a ritmos acelerados, la sociedad cada vez está más concienciada en la necesidad de salvaguardar nuestros entornos y, sobre todo, dejar a las generaciones más jóvenes un planeta más sostenible y con una mayor prosperidad.

Para conseguir estos anhelos, Naciones Unidas ha impulsado la Década de Acción, que tiene como objetivo acelerar el impulso de los 17 ODS en el ámbito empresarial y de las organizaciones. Es destacable reiterar que, en este nuevo modelo, está siendo clave el papel de liderazgo de su actual secretario general.

Con la Década de Acción, hablamos de nuevos tiempos en los que son necesarios liderazgos amables que sumen desde lo colectivo y que implanten en la estrategia de las organizaciones los **17 ODS** como elemento diferenciador en las empresas; aspectos cada vez más valorados en temas de contratación, tanto pública como privada y, sobre todo, de imagen de marca y de reputación.

Como hemos comentado durante esta obra, para impulsar los Objetivos de la Agenda 2030, es imperioso y estratégico el papel de los líderes de las empresas y de las pymes, más en una sociedad como la actual donde la comunicación, el compromiso y la escucha activa, son las claves para conseguir los objetivos comunes. En este reto es donde tienen que diferenciarse los líderes, quiénes deben jugar un papel ejemplar, con el fin de involucrar a todos los actores que se interrelacionan con la organización, tanto internos como externos.

Un buen líder debe poner su visión en saber comunicar y diseñar un entorno inspirador para construir en la organización un ambiente creativo para implantar la Agenda 2030, pero hay que dar un paso más, necesitamos líderes sobresalientes que tengan como misión crear entusiasmo y afrontar los retos de futuro, basados en la sostenibilidad y en la mejora del planeta, siempre desde una nueva cultura de la organización, donde el empoderamiento de las personas sea el eje principal del propósito.

Necesitamos líderes más orientados a lo sostenible que al beneficio económico de la empresa, pensando más en el futuro de la organización y en las personas que en los grandes bonus. Esta reflexión la quiero ilustrar con un claro ejemplo: según el informe *Taking The Temperature* de Naciones Unidas Global Compact, sólo el 19 % de las principales empresas cotizadas del G7 tienen implantados objetivos climáticos alineados con los Acuerdos de París.

No todo son datos negativos, como aspecto a destacar, en España, un 37 % de las empresas del IBEX35 tienen objetivos climáticos en sus estrategias, un ejemplo de liderazgo en el impulso de los Acuerdos de París.

Como hemos comentado en varios apartados de este libro, la crisis sanitaria y económica ha servido para acelerar todo el proceso de implementación de la Agenda 2030, lo que ha obligado a las empresas a reinventar sus estrategias y adaptarlas a los 17 ODS, siempre bajo los criterios y demandas de los diferentes *stakeholders,* especialmente las personas que forman parte de las empresas y de las organizaciones. Esta nueva situación generada por el coronavirus ha creado un nuevo proceso de reflexión de los líderes de las empresas, aprobando nuevos objetivos alineados con los **ODS,** bajo el siguiente prisma estratégico:

- Sostenibilidad.
- Economía verde y digital.
- Responsabilidad social.
- Ética, transparencia e integridad.
- Las personas en el centro.
- Igualdad para la mujer.

Son tiempos de reflexión, donde los líderes deben buscar el cómo y cuándo aplican esta estrategia de implementación de la Agenda 2030. Para ello, es clave la movilización empresarial, la revolución en las organizaciones hacia una agenda verde y sostenible en la cual es necesario un diálogo permanente con los grupos de interés para conseguir estos retos estratégicos globales.

Se ha definido cómo hay que hacerlo alineando los objetivos estratégicos de la empresa con los 17 ODS, tal y como se ha reflejado en varios apartados. No es necesario aplicar todos los ODS, pero los que se impulsen deben cumplir con el tipo de objetivos SMART (específicos, medibles, alcanzables, relevantes y definidos en el tiempo) y estar relacionados con las diferentes metas de los ODS.

Para implantar con éxito los diferentes objetivos estratégicos en las empresas, siempre alineados con los ODS, los líderes deben gestionar dos aspectos claves: invertir en recursos y en personas, principalmente en talento y en formación.

Ese es el tipo de liderazgo que necesitamos en estos momentos: disruptivos, amables y, sobre todo, con visión a largo plazo, porque el capital humano ha de ser clave en estos últimos años que nos quedan hasta llegar al 2030. Necesitamos líderes que entiendan que sumar es progreso, es ilusión, es optimismo, es motivación, que creen valores en las empresas, porque frente a nuevos retos, hemos de diseñar entornos adecuados para impulsar la estrategia de recuperación tras la actual crisis sanitaria, económica y social y, sobre todo, en un marco sostenible y digital, alineado con la Agenda 2030.

Recientemente, los líderes empresariales se han puesto de acuerdo para impulsar un propósito común: conseguir un mundo mejor bajo un planeta más sostenible, porque de ello depende la viabilidad de sus negocios y, por lo tanto, la calidad del empleo a nivel mundial.

Bajo el impulso del **ODS 17:** Alianzas para conseguir los Objetivos, han firmado un manifiesto conjunto con los siguientes puntos, promoviendo la cooperación internacional y adquiriendo nuevos compromisos basados en:

- Demostrar el liderazgo ético y la buena gobernanza.
- Invertir en la lucha contra las desigualdades, mediante la adopción de decisiones inclusivas en todas las estructuras del ámbito empresarial.

Trabajar en conjunto con Naciones Unidas, gobiernos, asociaciones, ONG, empresas y administraciones, con el principio de fortalecer el acceso a la justicia, garantizar la rendición de cuentas y la transparencia, es el objetivo de la **Década de Acción** y la prioridad que demandan los grupos de interés. La sociedad civil es clave para su movilización y se ha puesto de manifiesto desde muchas iniciativas sociales y de buenas prácticas como, por ejemplo, colectivos comprometidos que dedican el tiempo libre del fin de semana a la limpieza y recogida de residuos en zonas naturales, actividad alineada con el ODS 13: Acción por el clima.

También es importante el papel de liderazgo político de los presidentes de los diferentes países del mundo, porque de ellos depende la implantación de los Objetivos que recoge la Agenda 2030 en sus estrategias de país. Para evitar las desigualdades entre naciones, la Comunidad Internacional no puede permitir la existencia de países de primera y de segunda, todos deben incentivar la responsabilidad de generar oportunidades para sus ciudadanos e impulsar la sostenibilidad en sus agendas de gobierno, objetivo alineado con el ODS10: Reducción de las desigualdades. Un ejemplo de ello ha sido el retorno de Estados Unidos a los Acuerdos de París, un hito valiente del gobierno de Joe Biden, el cual firmó el retorno a la senda de la sostenibilidad global el primer día que inició su mandato. Pero la desigualdad crece cada día más porque hay países que generan un gran consumo y crecimiento desmesurado, como es el desarrollo creciente que están llevando muchos países asiáticos, principalmente China.

En este punto, y para evitar mayores desigualdades, es Naciones Unidas quién debe seguir liderando la Década de Acción y la implantación de la Agenda 2030 en los diferentes gobiernos, porque de ello depende la prosperidad de la actual y de futuras generaciones.

Es necesario hacer una reflexión sobre la implantación en la empresa del ODS 16, que hace referencia a los aspectos tan demandados como la ética, la transparencia y la apuesta por el *compliance*. Son elementos que, cada vez más, exige la propia sociedad y son necesarios para que las empresas mejoren su imagen de marca y su reputación.

Ese es el papel de los líderes sostenibles, de los líderes referentes en el siglo XXI, visión de futuro, impulsar criterios de sostenibilidad, innovar en Agenda 2030, integrar los ODS en la estrategia de la empresa, comunicar a los grupos de interés los diferentes logros conseguidos, siempre desde la ética en todas sus dimensiones y del diálogo participativo.

Nuevos tiempos, nuevos liderazgos, con visión sostenible, donde es clave definir un nuevo propósito empresarial alineado con la visión, misión y los valores estratégicos, sumando y escuchando de manera activa, impulsando la colaboración público-privada para conseguir las metas y, sobre todo, tanto desde la perspectiva del ámbito empresarial como del ámbito público, sin descuidar nunca la opinión de la sociedad.

Necesitamos unos líderes, tanto en el ámbito público como en el sector privado, que sean resilientes ante los nuevos retos de la pospandemia, con un mayor compromiso y diálogo con los *stakeholders,* que orienten sus objetivos a través de la implantación en sus estrategias de la Agenda 2030, con visión global, que piensen en la prosperidad de las personas y en la sostenibilidad del planeta y que afronten los nuevos retos que nos depara este siglo, principalmente en temas de salud (ODS 3), de calidad del empleo (ODS 8) y de mejora de las condiciones de igualdad y de conciliación laboral y familiar (ODS 5).

Para que estas metas sean una realidad, es estratégico impulsar el ODS 17: Alianzas para conseguir los Objetivos, renovando y reafirmando los liderazgos de los CEOS de las empresas a nivel mundial y especialmente en el ámbito de lo micro, es decir, desde las pymes.

Definir el propósito

Esta guía pretende ser un documento de reflexión en las empresas-pymes y organizaciones públicas para que puedan afrontar los desafíos del cambio climático y los nuevos criterios verdes, sostenibles y digitales, implementando en sus estrategias los Objetivos de la Agenda 2030 de Naciones Unidas.

Ante retos globales, hay que aportar soluciones locales y en este aspecto, las empresas pueden hacer mucho por la implantación de la Agenda 2030. Para ello, hay que redefinir o definir el **propósito** de las organizaciones, adaptándolo a las necesidades de las personas, la razón de ser de la empresa y, sobre todo, orientándolo a los *stakeholders* impulsando un diálogo abierto para conocer sus necesidades, expectativas y demandas, siempre bajo criterios de sostenibilidad.

Hasta ahora, son muchas las empresas que han definido y comunicado su misión, visión y valores, pero en momentos donde hay que aumentar la creatividad y la perspectiva a largo plazo, definir el propósito es fundamental para ver hacia dónde se dirigen las empresas, qué productos o servicios prestan, cuáles son sus mercados y qué establecen y definen los *stakeholders* como organización, su nacimiento o existencia, en definitiva, su razón de ser. El propósito es un nuevo concepto en las empresas-organizaciones, el cual debe de formar parte de su ADN, de su *Core Business.*

Definir o redefinir un propósito de una empresa responde a la demanda de impulsar nuevas ideas más creativas que generen oportunidades para un modelo de negocio diferenciador, poniendo el foco en:

- Las personas
- El medioambiente
- La salud
- La igualdad de género
- Los clientes

Siempre bajo un prisma de un modelo económico donde la economía lineal ha desaparecido y es sustituida por la economía circular, basada en criterios de reutilización, verdes, sostenibles y digitales, donde el ciclo de vida del producto (ODS 12: Producción y consumo sostenibles) es clave. Este punto, también forma parte del propósito de la empresa.

El propósito es la carta de presentación de la empresa sostenible y moderna del siglo XXI, es un elemento diferenciador y, sobre todo, de imagen y de anticipo a los retos. Para definirlo no vale solo que sea el CEO de la compañía quién lo apruebe, debe contar con el respaldo, participación y opinión de todas las personas que forman parte de la organización, porque sin su participación es muy difícil que se pueda impulsar el propósito en la empresa con el objetivo de conseguir el éxito. El propósito responde a la siguiente pregunta: ¿por qué nace/existe la empresa/organización? El propósito, acompañado de los principios rectores de la empresa-pyme, de su cultura y de la estrategia, establece los objetivos a largo plazo para conseguir unos resultados sobresalientes.

Un propósito innovador debe estar alineado con los criterios de la Agenda 2030, con los 17 ODS y con los Diez Principios del Pacto Mundial (Global Compact) y también debe formar parte de la cultura y de la estrategia de la organización, afrontando los retos sostenibles orientados hacia la mejora del planeta y de las personas, porque las empresas a través de su propósito y visión pueden minimizar sus efectos y contribuir a conseguir un planeta mejor, que es lo que demanda la sociedad.

Una vez definido el propósito a través de un proceso participativo de todas las personas que forman la organización es inteligente comunicarlo a todos los grupos de interés: clientes, proveedores, personas, accionistas, sociedad, administraciones, etc., porque hoy en día, las personas trabajan en aquellas empresas que cumplen y abanderan sus valores, como pueden ser, por ejemplo, el empoderamiento de la mujer y la conciliación laboral y familiar.

La **comunicación del propósito**, puede llevarse a cabo a través de notas de prensa, revistas profesionales, publicaciones en la web, redes sociales o bien a través de reuniones con los diferentes *stakeholders*. Es tan importante el proceso de comunicación como el de definición del propósito, porque es la manera en que la empresa traslada sus valores y, sobre todo, se diferencia del resto, porque un propósito alineado con los principios de la Agenda 2030 es un propósito que puede generar nuevas expectativas de negocio y de nuevos mercados.

Hay que saber aprovechar la comunicación y diferenciación que aporta el propósito para utilizarlo como un elemento de marca y de *marketing,* aportando visibilidad a la empresa y, por supuesto, a la pyme, aunque también es básico reflexionar en estas páginas sobre la importancia que deberían tener para las administraciones públicas la implantación de un propósito colectivo para generar relaciones de confianza y valor entre los administrados.

Son muchas las ventajas de definir un propósito alineado con la Agenda 2030 y con los ODS, más aún en un momento de recuperación económica por la Covid-19 donde han cambiado los valores, donde las empresas deben estar orientadas y centradas en las personas, la igualdad y la sostenibilidad, donde las cadenas de valor son más flexibles y diseñadas para cubrir las necesidades y demandas del entorno. Aquellas empresas que no definan un propósito, que no implanten unos valores, una estrategia y una cultura basados en la Agenda 2030, tienen poco recorrido porque quedarán fuera de juego de esa interconectividad que han generado los valores de la sostenibilidad y la percepción de las personas además deberán cubrir las necesidades y expectativas de los grupos de interés.

La principal ventaja del propósito es la creación de valor. Es un elemento que conecta y emociona a los clientes y a las personas que se ven reflejadas, desarrolladas y motivadas. Así es la nueva forma de actuar en la retención del talento: aplicando el ODS 4: Educación de calidad y el ODS 8: Trabajo decente y crecimiento económico.

Definir el propósito es un viaje apasionante donde se toman decisiones estratégicas y, sobre todo, se identifican las expectativas de los *stakeholders,* las cuales alineadas con la Agenda 2030, son una herramienta clave para dar visibilidad al compromiso de la empresa-organización con el impulso de los ODS.

Este es el desafío, aprovechar toda la experiencia de la empresa para redefinir su propósito, actuar en el marco de las últimas megatendencias en gestión empresarial, reforzar el compromiso con la Década de Acción y, sobre todo, comunicar el relato, porque hace más fuerte a todas las empresas, incluidas las pymes, porque tienen un protagonismo líder en la Agenda 2030, siendo su compromiso estratégico en el cumplimiento de la Década de Acción.

Adaptarse y conocer el entorno

Hemos visto la necesaria adaptación a los cambios constantes en un entorno incierto, cambiante y globalizado, y cómo las empresas que operan en este marco global, se adaptan, se relacionan y, sobre todo, afrontan los nuevos retos que supone la sostenibilidad, así como la adaptación a un nuevo modelo económico generado a raíz de la crisis provocada por la Covid-19.

Aparte de gestionar el día a día de las empresas, también hay que gestionar la adaptación al entorno, tanto desde las grandes corporaciones empresariales como desde las pymes, diseñando sus estrategias para planificar el futuro a largo plazo, y generando no solamente la supervivencia de la organización, sino también, su crecimiento sostenible reforzando su propósito. Un ecosistema cambiante bajo una economía globalizada, donde la pandemia ha provocado una crisis sanitaria, económica y social sin precedentes, requiere de un proceso de revisión constante de las estrategias y de los objetivos de las empresas, tanto de las grandes compañías como de las pymes y empresas familiares, desde el criterio de minimizar los riesgos y, sobre todo, identificando elementos de mejora, como puede ser la Agenda 2030 en el ámbito empresarial.

Es sustancial destacar cómo se relacionan las empresas dentro del ecosistema donde generan su ámbito de trabajo y de acción, tanto en los aspectos internos de la organización como en los externos, poniendo en valor su cultura y reforzando el diálogo, la interacción y la comunicación con los grupos de interés. Una de las mejores maneras de analizar y conocer este **ecosistema** es a través de los 17 Objetivos de la Agenda 2030 y de los Diez Principios del Pacto Mundial (Global Compact), los cuales recogen todos los ámbitos de actuación de la empresa y, sobre todo, muestra cómo afrontan esos retos en un hábitat cambiante, globalizado y muchas veces incierto, donde las empresas requieren de estabilidad y de gobernanza bajo criterios éticos.

Las organizaciones tienen la obligación de analizar su entorno, tanto interno como externo, para adaptar al ecosistema sus retos y oportunidades, pero también sus riesgos, porque no hacer nada y quedarse ajeno a todas las corrientes de gestión empresarial, entre ellas la Agenda 2030, significa permitir que la empresa se quede atrás con los consiguientes riesgos de desaparición. Para ello, y como hemos insistido mucho en esta obra, es clave un liderazgo amable e innovador y, sobre todo, la adaptación de la cultura de la empresa hacia un cambio donde la sostenibilidad sea su eje, siempre escuchando las demandas, necesidades y expectativas de los *stakeholders* e incorporando en las pymes las últimas tendencias en gestión empresarial, en este caso, la estrategia global de la Agenda 2030.

Donde la flexibilidad es clave para adaptarla a las demandas y cambios de los mercados y aplicar la transformación tecnológica e innovación para afrontar una evolución constante de los productos y servicios, siendo ello, una necesidad imperiosa para todas las empresas, lo es especialmente para las pymes y negocios familiares.

Internet y la transformación digital, verde y sostenible, requieren de nuevas formas de actuar y de comunicarse, pero también de incluir los principios de la Agenda 2030 en las estrategias de la empresa porque, primero, es la mejor manera de entender el entorno analizando cada uno de los 17 ODS y los principios del Pacto Mundial y segundo, implantar esas acciones y objetivos estratégicos alineados con los ODS debe estar en el ADN de la empresa-pyme. Las grandes empresas y, por supuesto las pymes, no pueden actuar solas, deben generar sinergias con otros actores, principalmente con los grupos de interés que tienen definidos, como son las personas, clientes, accionistas, proveedores, reguladores, etc. La mejor manera de crecer y de planificar un futuro sostenible es contando con las expectativas de todos ellos, siempre desde la óptica de diseñar proyectos a través del ODS 17 (Alianzas para conseguir los Objetivos) y desde la visión de un nuevo liderazgo colaborativo y alineado con el compromiso de la pyme con los ODS.

La pyme y los ODS

Alinear la estrategia con los ODS

Esta guía práctica sobre los retos de la Agenda 2030 está orientada principalmente a los propietarios y gestores de las **pequeñas y medianas empresas-pymes,** así como a los trabajadores autónomos, que son uno de los principales motores de generación de empleo en la economía del país.

Hay que destacar en este tipo de empresas que la palabra ADN significa el compromiso con el territorio, con la generación de empleo y la colaboración estrecha con la sociedad, representando un 60 % del PIB nacional y el 65 % del empleo en España, según el informe del Gobierno de España del año 2020 "Cifras PYME".

Salir de la zona de confort significa detectar desde la pyme y por el trabajador autónomo una necesidad de cambio. Qué mejor transformación organizacional que los líderes de las pymes y empresas familiares de nuestro país impulsen un nuevo modelo de gestión empresarial más sostenible, más acorde con los tiempos, basado en la aplicación de los ODS en su estrategia, bajo una visión y valores sostenibles y responsables y alineado con un propósito renovado y global.

Son y han sido muchas las pymes que han incluido en sus estrategias políticas activas en responsabilidad social corporativa, pero cada vez más, como elemento diferenciador, las pymes están adaptando sus líneas de actuación hacía la Agenda 2030, aspecto esencial para la vertebración de la economía, porque una pyme orientada a la implementación de los ODS es un signo de progreso económico, de competitividad y garante de la creación de empleo.

Para las pymes, adaptar sus estrategias hacia los principios y objetivos de la Agenda 2030 significa un compromiso ambicioso con el cambio climático, con las personas y con la sostenibilidad, porque establece una hoja de ruta hacia una economía mucho más sostenible, verde y equitativa, con un papel clave en la colaboración público-privada.

Un compromiso que las pymes llevan en su ADN, en su manera de ser y de relacionarse con los grupos de interés. Es clave destacar que la mayoría de las pymes de nuestro país están creadas por empresas familiares, muchas de ellas constituidas desde hace muchos años y en las cuales ha existido un relevo generacional ordenado.

Las pymes-empresas familiares han sabido adaptarse a las demandas y necesidades de los mercados, de sus clientes y, sobre todo, han tenido un gran arraigo con el territorio donde han nacido y están implantadas, siendo un elemento diferenciador, un motor de generación de empleo y de compromiso con la sociedad, principalmente con su comunidad local.

Las pymes, como sector estratégico en nuestra economía, tienen que construir un nuevo relato más sostenible, más innovador y, sobre todo, tienen que escuchar a sus grupos de interés a través de un diálogo permanente y duradero. Un relato basado en la aplicación de los 17 Objetivos de Desarrollo Sostenible de Naciones Unidas y cuyo propósito sea implantar en su estrategia de negocio la Agenda 2030.

Este tipo de empresas también han sabido entender y aplicar los ODS en sus acciones empresariales porque han entendido que adelantarse a los retos y diferenciarse son objetivos claves que permiten su continuidad y mejoran la competitividad como organización.

Desde estas páginas, es de justicia agradecer su trabajo, esfuerzo y dedicación constante por la economía y por generar empleo y oportunidades impulsadas por las diferentes familias empresarias. Por suerte, hay muchas y referentes que han sabido cruzar las fronteras a través de la exportación y por diferenciarse con productos y servicios innovadores y de calidad. De ello dependen los retos que nos propone la nueva economía, el apostar por las pymes, poniendo el foco en los *stakeholders,* contribuyendo a frenar el cambio climático y, como no, la salud (ODS 3). Esto es poner a las personas, la sostenibilidad y la Agenda 2030 en el centro de la estrategia empresarial.

Que las pymes impulsen en su estrategia una de las corrientes en gestión empresarial como es la Agenda 2030 es todo un elemento diferenciador, que genera una mayor competitividad y, sobre todo, aporta nuevas oportunidades de negocio, aspecto esencial para la recuperación económica derivada de la actual crisis sanitaria, económica y social. La Agenda 2030 proporciona a las pymes un marco muy amplio de objetivos innovadores, donde la economía sostenible y la sociedad van de la mano, porque cada vez son más los consumidores que adquieren los productos o servicios en empresas que cumplen con los valores de los ODS. En este espacio de competitividad y de nuevas oportunidades de negocio es donde las pymes juegan un papel clave en la implantación de los ODS y sus diferentes metas. Para ello, es imperioso el llevar a cabo los siguientes pasos:

a) Integrar los ODS en la estrategia del negocio.
b) Establecer objetivos SMART.
c) Comunicar los compromisos a los *stakeholders.*
d) Reportar bajo criterios de transparencia.

Las pymes tienen mucho que hacer y que decir en materia de aplicación de los ODS en sus estrategias de negocio. Como hemos comentado anteriormente, no es necesario que se apliquen todos los ODS, solamente aquellos en los que pueden actuar, controlar y, sobre todo, en los que pueden conseguir objetivos medibles y metas alcanzables.

Las últimas tendencias en materia de Agenda 2030 definen las estrategias de la pyme en base a las siguientes **oportunidades,** todas ellas, orientadas a superar la actual crisis sanitaria, económica y social que nos ha afectado a todos de manera global:

- Bienestar y salud.
- Economía verde y digital.
- Economía circular.
- Sostenibilidad.
- Igualdad de género.
- Flexibilidad, conciliación y teletrabajo.
- Responsabilidad social.
- Colaboración público-privada.
- Diálogo con los *stakeholders*.
- Energías renovables.
- Formación permanente.
- Retención del talento.
- Movilidad sostenible.
- Innovación e investigación.

Todas estas acciones que pueden impulsar las pymes, independientemente de su tamaño, número de plantilla o de la ciudad o municipio del país, incluida también la denominada "España vaciada", donde estén instaladas, están alineadas con los marcos y estrategias claves impulsadas por la Unión Europea a través de los diferentes planes de recuperación de la economía, siempre bajo los Diez Principios del Pacto Mundial, la Agenda 2030 y el Pacto Verde Europeo.

Las pymes, si por algo se caracterizan son por su flexibilidad y capacidad de adaptación a los cambios. Por eso, tanto a nivel de propiedad, de equipos directivos y de las personas que forman sus plantillas, han de ser claves en el liderazgo y la implementación de los ODS en sus estrategias claves.

Los aspectos de formación, de estar al día de las últimas tendencias en la Agenda 2030 y de comprender los retos de la Década de Acción son claves para su implementación con éxito dentro de una pyme.

Son varias las **ventajas** que una pyme puede obtener en la alineación de sus objetivos estratégicos con los ODS:

- Acceder a nuevos clientes y mercados.
- Potenciar la marca.
- Acceso a financiación sostenible.
- Atraer el talento.
- Impulso de nuevas inversiones.
- Anticiparse a las nuevas normativas en materia de medio ambiente, igualdad, economía circular, etc.
- Participar en premios de prestigio impulsando buenas prácticas.
- Alinear la estrategia de los ODS con la responsabilidad social.

Una de las acciones muy recomendable que puede llevar a cabo la pyme es hacerse socia[11] de la **Red Española del Pacto Mundial** bajo dos categorías de socios: *Signatory* o *Participant*. Pueden suscribirse a través de una cuota que va acorde con la cifra anual de negocios y disfrutar de sus numerosos beneficios, como son interesantes píldoras formativas, estudios y análisis de reconocimiento, reportar a través del informe anual de progreso, participar

---

11. Niveles de participación Pacto Mundial: https://www.pactomundial.org/niveles-de-participacion-2020/

en proyectos como SDG Ambition o Target Gender Equality (TGE), publicar las buenas prácticas impulsadas por la pyme, presencia en redes sociales y participación en jornadas y artículos de opinión.

Este es uno de los aspectos claves que establece la Década de Acción, contribuir desde el ámbito empresarial y en este caso, desde las pymes, a conseguir los retos, principios y objetivos de la Agenda 2030, aplicando los 17 ODS y sus respectivas metas, elemento que genera confianza, mejora la competitividad y la propuesta de valor de la empresa y, sobre todo, aporta visibilidad frente a los grupos de interés, principalmente los clientes y las personas.

Como ejemplo de implantación de los ODS y sus metas en la estrategia de las pymes, a continuación, se presenta un resumen de los principales ODS y metas que se pueden integrar.

ODS 5: Igualdad de género

Meta 5.5: velar por la participación plena y efectiva de las mujeres y la igualdad de oportunidades de liderazgo a todos los niveles de la adopción de decisiones en la vida política, económica y pública.

Ejemplo en la pyme: implantar planes de igualdad ambiciosos y oportunidades de promoción de las mujeres en puestos de dirección y de responsabilidad.

ODS 8: Trabajo decente y crecimiento económico

Meta 8.1: mantenimiento del crecimiento económico

Meta 8.2: elevar la productividad a través de la diversificación, tecnología e innovación.

Meta 8.3: fomento de la pyme.

Meta 8.5: lograr el pleno empleo y el trabajo decente.

Meta 8.6: reducción de la tasa de jóvenes sin trabajo ni estudios.

Ejemplo en la pyme: implantar desde la pyme un salario equitativo, basado en criterios de productividad, fomentando la motivación y participación de las personas.

ODS 9: Industria, innovación e infraestructuras

Meta 9.2: promoción de la industria inclusiva y sostenible.

Meta 9.3: Aumento del acceso de las pymes a los servicios financieros y cadenas de valor.

Meta 9.4: modernización de la infraestructura y tecnología limpia.

Meta 9.a: apoyo a infraestructuras sostenibles y resilientes.

Meta 9.b: desarrollo de la tecnología, investigación e innovación.

Meta 9.c: aumento del acceso a TIC e Internet.

Ejemplo en la pyme: políticas de I+D+I en el ámbito de la pyme, con la colaboración de institutos tecnológicos o de universidades.

ODS 11: Ciudades y comunidades sostenibles

Meta 11.a: apoyo a vínculos de zonas urbanas, periurbanas y rurales.

Ejemplo en la pyme: diversificación económica de los municipios y pueblos, manteniendo y creando empleo, reforzando el compromiso con la sociedad-comunidad local.

ODS 12: Producción y consumos responsables

Meta 12.1: planes de consumo y producción responsables.

Meta 12.5: prevención, reducción y reciclado y reutilización de desechos.

Meta 12.6: empresas e informes de sostenibilidad.

Ejemplo en la pyme: impulso de la economía circular en el ámbito de la pyme, llevando a cabo labores de reutilización y de reciclaje, prolongando el ciclo de vida del producto, en este caso, algo muy recomendable para pymes industriales, pues mejora su cadena de valor.

ODS 13: Acción por el clima

Meta 13.1: fortalecimiento de la resiliencia y adaptación.

Meta 13.2: incorporación del cambio climático en políticas y estrategias.

Ejemplo en la pyme: afrontar el cambio climático desde la pyme a través de la plantación de árboles, colaborando con centros educativos de infantil, primaria, secundaria, bachiller o grados, trabajando en la concienciación-educación sobre los efectos del cambio climático y la minimización de residuos.

ODS 16: Paz, justicia e instituciones sólidas

Meta 16.5: reducción de la composición y el soborno.

Ejemplo en la pyme: aplicación en la pyme de un código ético entre todas las personas de la organización y grupos de interés.

ODS 17: Alianzas para conseguir los Objetivos

Meta 17.9: refuerzo de capacidades e implementación de los ODS.

Meta 17.17: fomento de alianzas público-privadas.

Ejemplo en la pyme: impulso de la colaboración público-privada en el ámbito de la pyme, como iniciativa a la mejora en la accesibilidad y conectividad a Internet.

En un estudio publicado en agosto de 2021 por la Red Española del Pacto Mundial, las pymes establecen los siguientes ODS prioritarios:

- ODS 3: el 60% impulsan programas de salud y bienestar.
- ODS 5: el 87% tienen integrada la igualdad de género en sus estrategias.
- ODS 8: el 71% disponen de medidas de conciliación laboral.
- ODS 13: el 69% adquieren compromisos de reducción de las emisiones en CO_2.

Como **conclusión** a este ejemplo de aplicación de los ODS en las pequeñas y medianas empresas, se pretende poner en valor la importancia de adaptar alguno de los 17 ODS como elemento diferenciador y de anticipación. Se han recogido los ODS que están más relacionados con el ámbito económico, de igualdad, de generación de empleo, y de innovación en la pyme industrial, teniendo en cuenta la importancia del ODS 17: Alianzas para conseguir los Objetivos, como el rey de los ODS, para poder impulsar los Objetivos de Desarrollo Sostenible a través de las alianzas estratégicas mediante la colaboración público-privada (elemento clave en la época de recuperación económica que estamos viviendo), así como, para generar un diálogo permanente con los grupos de interés y detectar sus demandas y necesidades.

Establecer objetivos

Una vez definidos los principales ODS de actuación en la estrategia de la pequeña y mediana empresa por parte del equipo directivo, así como en el ámbito de los empresarios autónomos, es el momento de establecer los objetivos a llevar a cabo. Tal y como se ha reflejado en los ejemplos anteriores, se trata de impulsar objetivos alcanzables que, con esfuerzo, dedicación y con el compromiso de las personas de la organización, se pueden conseguir grandes logros, siempre anticipándose al futuro de la organización.

Este aspecto lo ilustramos con un nuevo ejemplo: si impulsamos como objetivo los derechos humanos en la gestión de la pyme, es necesario alinear esta iniciativa con las estrategias de la empresa y, sobre todo, con los Diez Principios del Pacto Mundial, siendo clave el liderazgo de la alta dirección y el compromiso colectivo.

Existe un punto clave que hay que reforzar en las pymes para la implementación de los ODS. Es necesaria la participación y la comunicación de todos los miembros de la organización, es decir, de todo el equipo. Esta es una estrategia de participación que requiere de liderazgos creativos y próximos, pues aquí están los retos que han de afrontar las pymes para alinear su cultura con los criterios de la Agenda 2030.

Uno de los objetivos que se pueden establecer en materia de derechos humanos es no contratar con aquellas empresas que no tengan establecido un código ético o bien tengan sedes en países del tercer mundo, donde no estén integrados con los Principios del Pacto Mundial, principalmente por lo que hace referencia a la explotación infantil en el trabajo.

Otros ejemplos que desde la pyme se pueden establecer para alinear sus objetivos estratégicos con los ODS son los siguientes: instalación de placas solares para generar autoconsumo, implantación de la energía eólica, así como la adquisición de vehículos eléctricos. Ambas acciones alineadas con el ODS 7: Energía asequible y no contaminante y con el ODS 13: Acción por el clima. Estos objetivos son alcanzables y solo dependen de una estrategia definida con la Agenda 2030, bajo un claro liderazgo, aprobación de las líneas a impulsar, siempre con el consenso de la alta dirección y de los equipos. Este tipo de objetivos requieren de una inversión económica que, a largo plazo, generarán beneficios económicos, sociales y ambientales, en base a lo establecido por la Triple Cuenta de Resultados.

Objetivos que promuevan propuestas de valor hacia los grupo de interés, como son los clientes, que con el impulso de la Agenda 2030 en la pyme, reforzaran su compromiso con los valores de esta y, sobre todo, se conseguirá un elemento clave y diferenciador como es la lealtad de compra.

Como hemos comentado anteriormente, los compromisos han de ser realistas y medibles, aprobados por la alta dirección y comunicados a los diferentes *stakeholders* prioritarios, principalmente a las personas y clientes. Nos encontramos ante un elemento clave para impulsar una nueva cultura empresarial en el ámbito de la pyme, donde las personas deben forman parte de esta, siendo los verdaderos protagonistas de su acción.

Es interesante implantar un sencillo cuadro de mando integral que revise el grado de cumplimiento y revisión de cada uno de los ODS de referencia en la pyme, donde se lleve a cabo por parte de la dirección un seguimiento de los objetivos, análisis de sus desviaciones y, sobre todo, el impulso de medidas correctoras para conseguir cada una de las diferentes metas establecidas.

La implantación de objetivos relacionados con los ODS es una nueva forma de integrar en la empresa modernos modelos de gestión, donde la formación permanente es más que necesaria y, por lo tanto, se deben adoptar nuevas políticas de recursos humanos, basadas en la gestión de las personas, sus competencias y sus talentos.

A continuación, se detallan los **pasos** para establecer con éxito en la pyme diferentes objetivos alineados con los ODS y con sus diferentes metas:

1. Establecer el enfoque de los ODS a implantar.
2. Apertura de un proceso de participación con las personas.
3. Aprobación de los ODS a desarrollar e implementar.
4. Definición de los objetivos integrados en la estrategia de la pyme.
5. Aplicar en la gestión de la empresa.
6. Medición y evaluación de los objetivos.
7. Reportar/comunicar a los grupos de interés.

Para conseguir el éxito en el establecimiento de los objetivos es recomendable ir paso a paso, cada año establecer un objetivo estratégico en la pyme alineado con un ODS, con el propósito de conseguir pequeños logros que puedan generar una mayor motivación y compromiso de la organización, así como su traslado a los *stakeholders*.

Otro de los objetivos que se puede implantar desde una pyme es alinear los ODS con las diferentes acciones que se realizan en materia de responsabilidad social, como elemento de compromiso con el entorno y con la sociedad. Para conseguir las metas al 100%, es básica la comunicación interna y externa, porque esta acción genera notoriedad e imagen de marca, reforzando el compromiso de la pyme con los principios de la Agenda 2030.

Comunicar los logros

En la sociedad del conocimiento es estratégico comunicar de forma responsable las acciones que llevan a cabo las pymes, porque es un aspecto relacionado con las herramientas del *marketing,* generando oportunidades, diferenciación, posicionamiento y visibilidad, siempre desde la transparencia y compartiendo los resultados clave obtenidos.

Las pymes innovadoras apuestan por el equilibrio entre el beneficio económico, social y medioambiental. Ello significa incorporar un nuevo propósito como organización orientado a los objetivos de la Agenda 2030 y, sobre todo, a la búsqueda de la **sostenibilidad** en toda la amplitud de su palabra. Pero lo más importante es comunicar el propósito creativo y sostenible y reportar los resultados obtenidos. Todo un ejemplo de oportunidad de generar valor en la pyme, yendo un paso más allá, de lo que establece la actual responsabilidad social.

Para toda organización, tanto pública como privada, es clave definir sus *stakeholders* y establecer una estrategia para identificar sus necesidades a través del diálogo innovador. También es inteligente identificar los canales de comunicación con nuestros grupos de interés, utilizando las nuevas oportunidades que nos genera internet y las redes sociales. Para una pyme todavía es mucho más significativo, porque es un elemento clave para reforzar el compromiso a través de la diferenciación y de la anticipación.

Reportar el cumplimiento de los ODS en la estrategia de la pyme es una acción orientada a favorecer el diálogo con los *stakeholders,* principalmente con las personas, clientes y la sociedad, porque de esta manera, es como se detectan sus demandas y expectativas y cómo estas se adaptan a la propuesta de valor de la pyme, para conseguir un elemento diferenciador mejorando su posicionamiento en el mercado.

Comunicar, no solamente es una acción de diálogo con los *stakeholders*, es una acción innovadora en la gestión de la pyme, es un ejercicio de **ética y de transparencia** basado en la *Accontability* o rendición de cuentas, cada vez más demandada por la sociedad, y es una estrategia alineada con el ODS 16: Paz, justicia e instituciones sólidas generando en la organización, un nuevo modelo de gobernanza más acorde a los tiempos, más sostenible, en definitiva, más transparente, abriendo las ventanas de las pymes hacia los grupos de interés.

Son varias las ventajas de comunicar los resultados que obtiene la pyme en materia de implantación de los ODS en su estrategia:

- Reforzar el compromiso con los *stakeholders.*
- Establecer un marco de diálogo permanente.
- Trasladar los valores y su cultura.
- Innovar en gestión empresarial.
- Generar roles de confianza.
- Impulsar la creatividad.
- Orientación hacia la transparencia.

- Reforzar la reputación.
- Compartir conocimiento.
- Motivar a las personas.
- Consolidar la propuesta de valor.
- Alinear la gestión con las megatendencias.

Una vez se ha llevado a cabo la comunicación, es esencial reportar a través de dos documentos clave e innovadores:

- El Informe de Progreso, mediante la plataforma de la Red Española del Pacto Mundial, siendo su acceso limitado a socios.
- La Memoria Anual de Sostenibilidad.

En este punto, vamos a centrarnos en la **Memoria Anual de Sostenibilidad,** que bajo criterios de responsabilidad social y orientada hacia la Triple Cuenta de Resultados (económico, social y ambiental) recoge información relacionada con los siguientes puntos:

- Escrito de compromiso del máximo responsable de la pyme.
- Descripción general / gobernanza de la empresa.
- Actividad de la empresa: sectores-mercados.
- Principios rectores: propósito, misión, visión y valores.
- Análisis pormenorizado de los *stakeholders*.
- Gestión económica.
- Gestión ambiental.
- Gestión social-RSC.
- Acciones en materia de Objetivos de Desarrollo Sostenible.
- Resultados bajo estándares del Global Reporting Initiative (GRI).

Reportar, bajo el modelo de la Memoria Anual de Sostenibilidad, significa compartir cómo se ha conseguido el triple beneficio en la pyme, generando un diálogo permanente con los grupos de interés, siendo un aspecto estratégico e innovador si lo comparamos con el concepto tradicional de la responsabilidad social, desde una clara orientación hacia el medio ambiente, afrontando los retos de la sostenibilidad, desde los valores de la ética comprometida y la transparencia.

En la elaboración de la Memoria Anual de Sostenibilidad es básico llevar a cabo el análisis de la materialidad, proceso que se inicia tras la identificación de los diferentes actores con los que se interrelaciona la empresa, lo cual nos permite analizar qué aspectos, demandas y necesidades son los más relevantes para la pyme y para sus grupos de interés.

El análisis de materialidad es una herramienta que nos permite conocer y analizar los impactos de la pyme en el entorno y con los *stakeholders*. Es un elemento fundamental para consolidar la realidad con las personas, clientes, proveedores, accionistas, administración, sociedad, ONG, auditores, etc.

Como conclusión, la Memoria Anual de Sostenibilidad es un documento innovador de comunicación ética y transparente que las empresas deben hacer pública a través de su web. Pero, sobre todo, es una manera de participar los resultados en base a los criterios de la economía del siglo XXI, donde el resultado económico es relevante. Debe ir acompañado del reporte ambiental y social, siendo este proceso un elemento diferenciador y de oportunidad para la pyme y, sobre todo, para las personas que la integran.

Comunicar, en el ámbito de la pyme, es trasladar a los grupos de interés, principalmente a los clientes, criterios de creatividad y de *marketing* a través de argumentos comerciales alineados con la sostenibilidad y la Agenda 2030, que generen valor, oportunidades y, sobre todo, diferenciación con otros competidores.

Para concluir este apartado de comunicación de los logros, hay que hacer referencia a los resultados de la consulta llevada a cabo en noviembre de 2020, *Contribución de las empresas españolas a la estrategia de Desarrollo Sostenible 2030*,[12] impulsada y coordinada por el Ministerio de Derechos Sociales y Agenda 2030 y por la Red Española del Pacto Mundial.

Como primera conclusión del estudio, hay que destacar el liderazgo de las empresas españolas por implantar la **Triple Cuenta de Resultados:** económico, social y medio ambiental, todo un cambio en la cultura, basado en un nuevo propósito.

Aquellas pymes que en su momento supieron entender la importancia de la responsabilidad social son las que hoy lideran en su estrategia la Agenda 2030, siempre desde la

____

12. https://www.agenda2030.gob.es/recursos/docs/Consulta_empresarial_Pacto_Mundial.pdf

creatividad y contando con los grupos de interés, porque sus líderes creen en los equipos, apuestan por la formación, la igualdad y el respeto al medio ambiente, afrontan nuevos mercados, productos o servicios sostenibles e innovadores. Por este motivo, están implantado en la pyme diferentes metas de los ODS.

Para que estos logros sean una realidad han de estar bien definidos, cuantificados y comunicados para que las personas, que deben ser el centro de las pymes, puedan implementarlos, pero también debe ampliarse este ejemplo hacia otro actor estratégico como es la Administración Pública, principalmente la local.

La Administración Pública y la Agenda 2030

Transformación de las Administraciones hacia la Agenda 2030

La **Agenda 2030** es una estrategia impulsada por Naciones Unidas a nivel global, pero que se aplica desde lo local, es decir, nos encontramos ante una estrategia nacional, donde en nuestro país, en la XIII legislatura se ha constituido el Ministerio de Derechos Sociales y Agenda 2030 y varias comunidades autónomas, como por ejemplo la aragonesa, han creado la figura del Comisionado para la Agenda 2030.

El profesor y economista Ernest Lluch en su libro *La Vía Valenciana,* publicado en el año 1976, reflexionaba sobre la importancia de la modernización de la Administración Pública y de la colaboración con la iniciativa privada. Para superar la actual crisis sanitaria, económica y social derivada de la Covid-19, la **Administración Pública** debe diseñar y establecer ese proceso de modernización y de transformación digital que impulsó hace unos años y ahora es clave para ganar en eficacia y eficiencia. El Real Decreto Ley 36/2020, de medidas urgentes para la modernización de la Administración Pública, es toda una oportunidad para implantar un nuevo modelo de gestión en las instituciones públicas y de sumar alianzas con el sector privado. Aquí es clave el liderazgo político, alineado con el papel del personal funcionario de los diferentes niveles de la administración.

El apartado 4 del "Plan España Puede"[13] (Plan de Recuperación, Transformación y Resiliencia) hace referencia a una administración para el siglo XXI que impulse medidas para la modernización de la Administración, basadas en la digitalización, transición energética y reducción de los procesos burocráticos, todas ellas, alineadas con los ODS.

Es momento de impulsar la Agenda 2030 sin dejar a nadie atrás, generando oportunidades para los más jóvenes y para las familias que lo están pasando mal, pero sobre todo, es momento de implantar modelos de ciudades-municipios más sostenibles acorde a los principios de los ODS, impulsando la colaboración público-privada y la participación de los vecinos/as.

Son tiempos de reinventar y de modernizar la Administración Pública liderando nuevas ideas, que, desde la creatividad e imaginación colectiva, diseñen un nuevo modelo de gestión que conecte con las demandas de la sociedad y estableciendo políticas públicas con los Objetivos de Desarrollo Sostenible que requieren de nuevos liderazgos y de compromisos innovadores para mejorar las oportunidades de las personas y del planeta, empezando desde lo más cercano, desde lo pequeño.

---

13. "Plan España Puede": https://planderecuperacion.gob.es/

La **Agenda 2030** es una herramienta clave para ser implantada en las administraciones porque los Objetivos de Desarrollo Sostenible, como la salud y el bienestar (ODS 3), la educación de calidad (ODS 4), la igualdad de género (ODS 5), el trabajo decente y el crecimiento económico (ODS 8) y la acción por el clima (ODS 13), mejoran la calidad de las instituciones y las oportunidades de los vecinos. Pero lo más importante, es conseguir implantar los ODS con vocación de impulsar el **ODS 17: Alianzas para conseguir los Objetivos,** principalmente en el sector privado y nunca bajando los estándares de calidad de los servicios públicos, como son la sanidad o la educación.

Al igual que el Gobierno de España ha liderado en sus objetivos de legislatura la estrategia de la Agenda 2030, como estado que votó a favor de la resolución de Naciones Unidas de constituir la Agenda 2030, las diferentes comunidades autónomas también están trabajando en la misma línea, dentro del marco español de la estrategia de la Agenda 2030, alineando sus iniciativas y políticas públicas con los ODS.

Este avance hacia la mejora de la calidad de vida de las personas y de las oportunidades en el territorio, llevado a cabo por las diferentes comunidades autónomas, es un serio compromiso de la voluntad de impulso de los diferentes ODS en sus estrategias y en sus políticas públicas, siempre orientadas a los ciudadanos, siendo muchas las iniciativas que están alineadas con los Objetivos de la Agenda 2030.

Por ejemplo y con la actual pandemia, se ha puesto de manifiesto con las personas y las familias más vulnerables, reforzando y adaptando el sistema sanitario y asistencial, impulsando metas, alineadas con el ODS 3: Salud y bienestar, reforzando el compromiso con las personas de mayor edad que es el colectivo más afectado por la crisis sanitaria.

A modo de ejemplo, se detallan a continuación varias de las metas del ODS 3 que el gobierno central y las comunidades autónomas han impulsado durante la pandemia del coronavirus:

Meta 3.b. Innovación-Desarrollo I+D vacunas y medicamentos esenciales.

Meta 3.b. Financiación del Sistema Sanitario (personal sanitario).

Meta 3.b. Gestión de los riesgos sanitarios.

Para reforzar el compromiso de las comunidades autónomas con la Agenda 2030, es primordial que alineen sus acciones en materia de ODS y sus respectivas metas con los retos que suponen para la Administración Pública con nuevos modelos de gobierno más éticos, más transparentes, que generen estabilidad y confianza y que alineen sus políticas públicas con todo lo relacionado con el reporte de información y de comunicación. Este es un aspecto diferenciador e innovador en la administración, lo cual no deja de ser una demanda de la propia sociedad como grupo de interés, a quien hay que escuchar y recoger sus expectativas en las acciones de las responsabilidades de gobierno. Para reforzar este criterio, es clave el impulso de la participación ciudadana, donde los diferentes actores, como son los agentes económicos, sociales, culturales y asociativos, puedan participar en la toma de decisiones y acuerdos que afectan a diferentes asuntos públicos. Esto es todo un ejemplo del verdadero compromiso de responsabilidad social con la comunidad y pone en valor lo colectivo y lo vecinal, siendo estos, los actores que mejor conocen el entorno.

Aspectos como la digitalización y la "ventanilla única" son retos urgentes que cualquier administración pública debe afrontar para simplificar los trámites administrativos y agilizar la puesta en marcha de inversiones privadas generadoras de empleo. La Agenda 2030 debe ser una prioridad estratégica en todos los niveles de la administración, ·pero principalmente en los ayuntamientos, donde se pueden alinear de manera transversal todos los ODS.

Es importante destacar las oportunidades del ODS 11: Ciudades y comunidades sostenibles. Impulsando estas cinco metas conseguiríamos una transformación sin precedentes en los municipios, pueblos y ciudades:

11.1. Asegurar el acceso de todas las personas a viviendas y servicios básicos adecuados.

11.3. Aumentar la urbanización inclusiva y sostenible y la capacidad para la planificación y la gestión participativas.

11.4. Redoblar los esfuerzos para proteger y salvaguardar el patrimonio cultural y natural.

11.7. Proporcionar acceso universal a zonas verdes y espacios públicos seguros, inclusivos y accesibles, en particular para las mujeres, los niños, las personas de edad y las personas con discapacidad.

11.a. Apoyar los vínculos económicos, sociales y ambientales positivos entre las zonas urbanas, periurbanas y rurales fortaleciendo la planificación del desarrollo nacional y regional.

No hablamos de utopías, hablamos de realidades, de ponernos a trabajar con el máximo consenso posible, desde la importancia de lo local, porque son las administraciones más cercanas a las personas. La Década de Acción también se puede aplicar al ámbito público por eso hay que actuar con inteligencia para no perder esta gran oportunidad en beneficio de las ciudades, municipios y pueblos, independientemente de su tamaño, porque lo importante es la calidad de vida y la prosperidad de sus personas.

Qué mejor herramienta estratégica para modernizar la administración pública, que el impulso de la Agenda 2030 desde lo local, desde los municipios.

La Agenda 2030 Local

Cómo han cambiado las ciudades durante los últimos cuarenta años con la incorporación de nuevos equipamientos municipales y servicios, con una transformación de las políticas públicas, poniendo en valor desde el ámbito local, el estado del bienestar. Los equipamientos y las obras básicas se han ido equilibrando con proyectos orientados a mejorar las oportunidades de las personas, como son la adhesión a la Red Española de Ciudades Saludables, así como la obtención del Sello de Ciudad Amiga de la Infancia de UNICEF.

Ha llegado el momento en que las ciudades y municipios han de mostrar su compromiso con la Agenda 2030, por eso, es toda una oportunidad la adhesión a la **Red de Ciudades Sostenibles 2030.** Las nuevas tendencias que nos aporta la Agenda 2030, deben implantarse como un elemento decisivo de fomento de la participación ciudadana, donde el diálogo, la transparencia y la comunicación, han de ser sus pilares para impulsar acciones estratégicas orientadas a la sostenibilidad y contando con la colaboración público-privada, poniendo en un primer plano, el diálogo permanente con el grupo de interés "vecinos".

En nuestro país, donde una parte de la población vive en el ámbito rural y donde se ha establecido una defensa estratégica de la vida y las oportunidades en los pequeños pueblos, la mejor herramienta para combatir la "España vaciada", generando oportunidades de futuro en el ámbito rural, es el impulso de la Agenda 2030.

Lo pequeño, lo micro vuelve otra vez, donde la tranquilidad, los productos de kilómetro cero, la Covid-19, han puesto en valía el teletrabajo, mejorando la calidad de vida y la reducción de emisiones, evitando el traslado a los centros de trabajo. Para conseguirlo en condiciones de conectividad óptimas, es necesario impulsar el ODS 9: Industria, innovación e infraestructuras, con el objetivo de que el acceso a internet en el ámbito rural sea una realidad y se transforme en oportunidades.

Para la correcta implementación de los ODS en el ámbito municipal, es principal liderar el ODS 11, ha de existir un claro compromiso político y apoyo funcionarial, es esencial y necesaria la colaboración público-privada y la participación de los vecinos, elementos claves de éxito en la estrategia de implantación de la Agenda 2030 en los ayuntamientos, contar con la participación y opinión de los vecinos y asociaciones, es decisivo para llevar a cabo ese diseño creativo de ciudad. Necesitamos gobiernos locales más abiertos y participativos, donde impulsen proyectos sostenibles que mejoren la calidad de vida de los vecinos, contando siempre con la participación ciudadana y poniendo en valor la transparencia a través de la rendición de cuentas, en definitiva, gobiernos que lideren una transformación de los municipios, principalmente la económica y social, pensando en las familias y generando prosperidad para toda la comunidad local.

La Agenda 2030 en las estrategias de los ayuntamientos, aporta innovación, estabilidad y confianza para su justa implementación. Es necesario establecer un Plan Estratégico de Agenda 2030 Local a tres o cuatro años, así como su adecuada priorización de objetivos y metas y, sobre todo, dotarla de presupuesto económico para su correcta ejecución.

Los ayuntamientos trabajan bajo el prisma de mejorar la calidad de vida de sus vecinos, desde la Agenda 2030, se pueden afrontar los retos de una nueva economía más verde y sostenible, pero sin olvidar las oportunidades que se abren en las ciudades con la digitalización y la implementación de la tecnología 5G, que transformarán la conectividad en el ámbito local.

Es clave impulsar la Agenda 2030 Local, desde el prisma que establezca en los municipios un nuevo modelo económico, más especializado en las oportunidades del territorio, como puede ser la logística, el turismo, el comercio, deporte de aventura, artesanía, agricultura, ganadería, etc., que permitan la generación de empleo, retener el talento de los más jóvenes, en definitiva, asentar población con el principal objetivo de generar empleo, riqueza en el territorio, desde la perspectiva de mejorar la calidad de vida y las oportunidades de los vecinos y vecinas.

Es importante recordar las desigualdades que ha generado la pandemia, las cuales requieren de un nuevo contrato social, alineado con la Agenda 2030 Local pensado en las rentas más justas, el acceso a la digitalización, eliminando la brecha digital, impulsando la educación de calidad o generar empleo con un salario mínimo, sin olvidar nunca la salud y el bienestar de los vecinos.

En este aspecto es clave erradicar la pobreza y el hambre en el mundo y, por lo tanto, los ayuntamientos siempre han liderado los servicios sociales de proximidad, que junto con las ONG, es muy necesario impulsar acciones de colaboración público-privadas entre colectivos sociales, como podrían ser Caritas, Banco de Alimentos, Cruz Roja, etc. y la administración local, con el objetivo de erradicar las desigualdades, así como el fomento de las oportunidades entre todas las personas, siendo este el ADN de la Agenda 2030.

El impulso de la Agenda 2030 Local, requiere de un liderazgo innovador, participativo y de grandes dosis de inteligencia, donde la búsqueda del consenso es clave, donde la diferenciación de los modelos de ciudad son aspectos estratégicos, definir bien los ODS a implementar y, por lo tanto, a desarrollar con presupuesto económico, es primordial en el futuro de las ciudades y municipios alineadas con las diferentes metas de los ODS.

A continuación, se presentan a través de ejemplos, varios de los ODS que son claves en las estrategias municipales de la Agenda 2030, para conseguir un modelo de ciudad sostenible a medio-largo plazo:

- **ODS 3. Salud y bienestar:** reforzar las especialidades en los consultorios médicos o dotar de mayores plazas de residencias de mayores o centros de día.

- **ODS 4. Educación de calidad:** impulsar la Formación Profesional en el ámbito territorial, generando nuevas oportunidades de empleo y de formación para los jóvenes y, por lo tanto, consiguiendo la retención del talento.

- **ODS 5. Igualdad de género:** reforzar el papel de las mujeres y las niñas en las ciudades, constituyendo concejalías de igualdad de género y empoderar a la mujer en la vida municipal, así como premiar a aquellas empresas-pymes que impulsen la igualdad de género en sus acciones.

- **ODS 8. Trabajo decente y crecimiento económico:** diseñar nuevos modelos económicos, basados en las oportunidades para el territorio y que sean elementos vertebradores en la generación de empleo de calidad.

- **ODS 11. Ciudades y comunidades sostenibles:** nuevos modelos de ciudad, basados en la movilidad sostenible, generando espacios verdes y de ocio infantil, donde todos los vecinos tengan cabida.

- **ODS 13. Acción por el clima:** implantar desde lo local, sistemas de energía alternativas. Por ejemplo, instalar placas solares en los equipamientos municipales.

- **ODS 16. Paz, justicia e instituciones sólidas:** nuevos modelos de gobernanza pública, más participativos, más éticos y transparentes, con el objetivo de generar confianza y estabilidad política e institucional.

- **ODS 17. Alianzas para conseguir los Objetivos:** impulso a través de alianzas de la colaboración público-privada, para generar oportunidades.

Como **conclusión** de este apartado del libro, hay que reflejar:

1. Los ayuntamientos juegan un papel decisivo en la implementación de la Agenda 2030, los ODS y sus metas en las estrategias municipales, a través de la aprobación de acuerdos estratégicos bajo el modelo de la Agenda 2030 Local.

2. En la sociedad actual, no se entendería un modelo de ciudad basado en criterios de no participación ciudadana y de sostenibilidad, siempre contando con los vecinos y, sobre todo, desde un ámbito de políticas públicas innovadoras basadas en la filosofía de la Agenda 2030. Para ello, es primordial el compromiso y liderazgo de la Unión Europea.

Retos: economía verde y digital. Fondos UE

El liderazgo de la Unión Europea

La Agenda 2030 se aprobó en 2015 por la Asamblea General de Naciones Unidas por la unanimidad de todos los países, por lo tanto, también fue ratificada por todos los países europeos y por los 27 Estados miembros de la Unión Europea. Este ya es un primer compromiso de Europa con la Agenda 2030.

En la crisis económica, financiera y social del 2008, Europa no estuvo a la altura de las circunstancias, no lideró un criterio global de apoyar a sectores económicos y, sobre todo, a las familias más necesitadas, centró su estrategia en la reducción del gasto público y en adelgazar los servicios estatales de calidad, como la sanidad, la educación, las prestaciones sociales, etc.

En la actual crisis sanitaria, económica y social generada por la Covid-19, la Unión Europea y concretamente la presidenta de la Comisión Europea, Ursula Gertrud von der Leyen, ha liderado un nuevo marco de compromisos estratégicos basados en una Europa más ecológica, más digital y resiliente, bajo el principio de no dejar a nadie atrás.

Este nuevo marco impulsado por la UE, enfocado hacia una economía verde y digital, significa un cambio en las políticas públicas de la Unión, generando una rápida respuesta frente a la actual situación, donde la pandemia nos ha convertido a todos, personas, empresas e instituciones, en más débiles y vulnerables.

La rápida respuesta de la vieja Europa generó en un principio un difícil debate entre los 27 Estados miembros, pero al final y tras encontrar un consenso inteligente, se ha implementado un plan estratégico de recuperación, que bajo los **Fondos Next Generation EU** y durante el período 2021-2027 permitirán ejecutar un paquete de medidas de estímulo económico y fiscal, con el principal objetivo de generar un cambio de modelo económico basado en la sostenibilidad, recogiendo los principios y valores de la Agenda 2030, bajo soluciones económicas sostenibles.

Dichos fondos europeos, están dotados de 806 900 M€, distribuidos en base a las siguientes líneas estratégicas, dentro del marco financiero plurianual 2021-2027:

Línea de Acción Fondos Next Generation EU	€
Mercado único, innovación y economía digital	11 500 M
Cohesión, resiliencia y valores	776 500 M
Recursos naturales y medio ambiente	18 900 M
Total Fondos Next Generation EU 2021-2027	**806 900 M**

Fuente: Comisión Europea: https://ec.europa.eu/info/strategy/recovery-plan-europe_es

Las principales líneas de actuación de los Fondos Next Generation EU son:

- Investigación e innovación.
- Transición climática y digital justas.
- Preparación, recuperación y resiliencia: un nuevo programa de salud.
- Modernización de políticas económicas tradicionales: política agraria común.
- Lucha contra el cambio climático.
- Protección de la biodiversidad.
- Protección de la igualdad de género.

A través del Mecanismo Europeo de Recuperación y Resiliencia (MRR), España recibirá de Europa 140 000 M€, de los cuales, alrededor de 70 000 M€, son a fondo perdido, el resto a través de créditos, lo que representa en total, un 11% del PIB de 2019, toda una oportunidad para transformar nuestra economía con los valores verdes, sostenibles y digitales.

Como dato esperanzador, un 5% de los fondos del Mecanismo de Recuperación y Resiliencia, van a permitir las inversiones necesarias para conseguir una Administración Pública para el siglo XXI, donde se han destinado 2 600 M€ para su digitalización y facilitar su agilidad en los trámites burocráticos.

España al igual que el resto de los estados miembros de la UE, han presentado ante Europa, un Plan Nacional de Recuperación y Resiliencia, donde se definen los programas de actuación, con el principal objetivo de *"intensificar el potencial de crecimiento, la creación de empleo y la resiliencia económica y social, así como de acelerar las transiciones ecológica y digital"*. Todos estos criterios están alineados con la Agenda 2030.

Los Planes Nacionales tienen la obligación de cumplir con las siguientes condiciones:

- Dedicar al menos el 37% del gasto total a inversiones y reformas que apoyen los objetivos de la acción por el clima. Condición alineada con el ODS 13: Acción por el clima.
- Dedicar un mínimo del 20% del gasto a apoyar la transición digital. Condición alienada con el ODS 9: Industria, innovación e infraestructura.
- Todas las inversiones y reformas deben respetar el principio de no causar daños significativos al medio ambiente. Condición alienada con el ODS 15: Vidas de ecosistemas terrestres.
- Proponer medidas firmes para proteger los intereses financieros de la Unión, especialmente para prevenir el fraude, la corrupción y los conflictos de intereses. Condición alineada con el ODS 16: Paz, justicia e instituciones sólidas.

El éxito de los Fondos Europeos en España dependerá del cumplimiento de cinco aspectos claves:

1. El acceso a su financiación por parte de las pequeñas y medianas empresas y empresarios/as autónomos. ODS 8.

2. Modernización de la Administración Pública. ODS 16.
3. Flexibilidad en su tramitación. ODS 16.
4. Aumentar la productividad y la competitividad. ODS 8-ODS 9.
5. Impulso de la colaboración público-privada. ODS 17.

Nadie puede negar que los Fondos Next Generation EU, son una gran oportunidad para nuestro país y para el resto de los estados miembros, pero también está claro que, si el objetivo es construir un nuevo modelo de crecimiento económico más sostenible, verde y digital, las bases reguladoras de la convocatoria, han de recoger estos criterios y con ello, las empresas que han seguido la senda de la Agenda 2030 deben obtener mayores puntuaciones en los criterios de concesión de dichas ayudas públicas.

Por ejemplo, si una empresa independientemente de su tamaño reporta a través de la Memoria Anual de Sostenibilidad, tiene implantados y documentados mediante diferentes sellos y certificaciones las acciones en materia de responsabilidad social o participan activamente en los proyectos que se impulsan desde Global Compact, han de ser prioritarias en los baremos de puntuación de las ayudas de la UE, porque demuestran con evidencias suficientes, su compromiso por los valores de los ODS y sobre todo, por la sostenibilidad y la proyección a largo plazo, con modelos económicos más creativos e innovadores.

Si queremos transformar y modernizar nuestro país, aprovechando los Fondos Europeos bajo un criterio de economía verde y digital con el objetivo de mejorar las oportunidades a futuras generaciones, es clave aplicar un nuevo liderazgo positivo e inteligente, siempre alineado con los Objetivos de Desarrollo Sostenible.

Los ODS hacia un nuevo modelo económico

Ante una crisis sanitaria y económica como la actual, Europa ha liderado el paso a la acción, un compromiso con las personas, pymes e instituciones de los 27 países miembros, impulsando un plan histórico de recuperación económica, que también integra los ODS en las políticas y criterios de los **Fondos de Recuperación.** Es importante destacar que, durante la pandemia, han sido muchas las personas, familias, empresas y autónomos que han sufrido muchas desigualdades sociales y económicas, como, por ejemplo, la pérdida del puesto de trabajo y sus consecuencias negativas en la economía familiar.

Europa pone el foco en no dejar a nadie atrás, una acción innovadora enmarcada en los Objetivos de Desarrollo Sostenible. Por ejemplo, el ODS 1: Fin de la pobreza, ODS 2: Hambre cero, ODS 3: Salud y bienestar, ODS 4: Educación de calidad, ODS 5: Igualdad de género, ODS 8: Trabajo decente y crecimiento económico, ODS 16: Paz, justicia e instituciones sólidas y el ODS 17: Alianzas para cumplir los Objetivos, siempre, pensando en todos los países miembros de la UE, en las personas, en las grandes empresas y las pymes y, también en el proceso de modernización de la Administración Pública.

Esta histórica iniciativa de los Fondos de Recuperación impulsada por la UE, la podemos definir como una estrategia disruptiva, innovadora y creativa, alineada con los principios de la Agenda 2030, sus 17 ODS y sus 169 metas, desde un nuevo modelo económico basado en lo sostenible, resiliente, verde y digital, estableciendo un marco de diálogo estratégico entre los 27 Estados miembros.

Otro punto sustancial para el impulso de la Agenda 2030, es el aspecto educativo (ODS 4), es decir, implantar nuevos currículos educativos que recojan la formación en ODS, tanto en el ámbito de la educación primaria, secundaria, universitaria y también en las escuelas de negocio, haciendo un especial hincapié en la Formación Profesional, donde es uno de los elementos más necesarios de transformación educativa, alineado con el ODS4, para conseguir una educación de calidad, con el objetivo de formar a personas con un mayor talento, conocimiento y habilidades en materia de la Agenda 2030.

A finales del año 2020, la Confederación Española de Organizaciones Empresariales CEOE, publicó un documento marco para la recuperación, la transformación y la resiliencia de la economía española,[14] toda una perspectiva y contribución desde el ámbito empresarial al *"Plan España Puede"*. El documento estratégico de CEOE, que es una hoja de ruta para la recuperación económica del país, tiene definidos como **objetivos prioritarios,** los siguientes:

---

14.   https://www.ceoe.es/es/sala-de-prensa/notas-de-prensa/ceoe-presenta-el-documento-marco-para-la-recuperacion-la

- Recomponer, reactivar y afianzar la estructura empresarial afectada por la pandemia. ODS 8-ODS 9.
- Promover un programa de inversiones público-privadas. ODS 17.
- Impulsar un programa de reformas estructurales. ODS 9-ODS 16.

El documento de la patronal menciona tres aspectos estratégicos para poder superar esta crisis y salir más fuertes e iguales, poniendo en valor la importancia del sector privado, especialmente las pymes, con el principal objetivo de mantener y crear empleo:

- Impulsar la colaboración público-privada, desde la aplicación del ODS 17.
- La apuesta por las buenas prácticas en la gobernanza de la pyme-organización implantando modelos de gestión éticos y transparentes alineados con el ODS 16.
- El papel de desarrollo de los Fondos Europeos. Siempre desde la perspectiva de la generación de empleo de calidad, con visión a largo plazo, impulsando un nuevo modelo económico a través de las metas del ODS 8 y desde un aspecto innovador, implantando en las pymes, modelos creativos bajo las metas del ODS 9.

Para salir más reforzados de la actual crisis sin dejar a nadie atrás, es necesario establecer y definir unas prioridades, las cuales recoge el informe marco de CEOE:

1. Preservación del tejido productivo. ODS 8.
2. Transición ecológica. ODS 13.

3. Transición digital. ODS 9.
4. Reindustrialización. ODS 9.
5. Igualdad de género. ODS 5.

Un Plan que Europa lo diseña e impulsa a través de unos criterios de economía verde, sostenible y digital, pero también debe de ser social e igualitaria, con el objetivo de modernizar y transformar el sector productivo generando puestos de trabajo y empleo a los jóvenes, potenciando el talento femenino y generando oportunidades en el territorio.

Estos principios que establece Europa y aceptados por sus estados miembros, forman parte de la estrategia de la Agenda 2030, donde lo sostenible y la protección de las personas, son sus líneas estratégicas. Europa lo ha liderado, pero todavía falta mucho más compromiso y acción por parte de los estados y de las empresas, porque como se ha reiterado en varias ocasiones, aquellas que no impulsen en su estrategia empresarial los ODS, a medio plazo, dejarán de ser competitivas, debido a que no cumplirán con las demandas y expectativas de los grupos de interés, principalmente, los clientes y las personas que forman parte de las plantillas de las empresas.

Lo mismo ocurrirá con las administraciones públicas, las cuales deben impulsar un proceso de modernización con criterios de la Agenda 2030 como, por ejemplo, el ODS16 donde la ética y la transparencia son claves y demandadas por toda la sociedad.

La ética y la transparencia a través de la Agenda 2030:

Podemos definir la **Reputación** como el resultado de la siguiente fórmula matemática:

$$R = P + E + T + V + ODS16$$

R= Reputación
P= Propósito
E= Ética
T= Transparencia
V= Valores

ODS16: Paz, justicia e instituciones sólidas

De esta sencilla fórmula, podemos establecer como una de las principales conclusiones, que la **Reputación** (R) se consigue con la suma entre otras, de la variable transparencia, la cual debe formar parte del ADN de la empresa, siendo esta una de las últimas corrientes en gestión empresarial junto con la motivación y la retención del talento, uno de los aspectos claves que aumentan el valor económico y social de las empresas y pymes.

Las nuevas normativas impulsadas por la UE a través de los Fondos Europeos son grandes oportunidades para la recuperación económica. Tras la Covid-19, son muchas las normas jurídicas que se están aprobando para superar la actual situación económica, estando diseñadas bajo criterios de ética, transparencia y sostenibilidad:

- Ley del Cambio Climático.
- Directiva UE de Buen Gobierno y de Medioambiente.
- Actualización de la Ley de Información no Financiera y Diversidad.

Todas estas normas están enfocadas a la ética y la transparencia dentro de las organizaciones. Esta es la principal filosofía de la Memoria Anual de Sostenibilidad, reportar la información económica, social y ambiental de la empresa, como un elemento clave y diferenciador que apuesta por mejorar la reputación mediante la información no financiera a través de nuevos modelos de *reporting*.

Compartir los resultados económicos, sociales y ambientales con los grupos de interés, es un acto de ética y de transparencia, fruto de la reflexión de la pyme de reportar de otra manera diferente mucho más innovadora, aspecto que no deja de ser un reto y un cambio de cultura, tanto por lo que afecta al liderazgo, como, para las personas que lo han de llevar a cabo.

Por este motivo estratégico y como se ha insistido en esta obra, es fundamental para su éxito el papel del líder de la organización, debido a que, a través de la comunicación, la inspiración, la creatividad y, sobre todo, la formación y motivación de las personas, así como afrontar el reto de convencer a los propios accionistas sobre la importancia y diferenciación de reportar a través de la Memoria Anual de Sostenibilidad.

Una decisión que, bajo los criterios de los ODS, refuerza el propósito de la organización e impulsa un nuevo modelo más disruptivo en la idea de negocio, donde se puede generar valor a través de la transparencia y la ética, un aspecto que permitirá conseguir mayores oportunidades de negocio y de crear sinergias a través del diálogo permanente con los grupos de interés.

Reportar bajo criterios de mejorar la reputación de la empresa, es un reto muy ilusionante, porque es una manera más, de interaccionar con los *stakeholders* y, sobre todo, de implantar en la pyme, un nuevo proyecto muy viable basado en la transformación cultural.

El impulso de reportar a través de la Memoria Anual de Sostenibilidad, orientada a generar confianza ante los grupos de interés, potenciando el diálogo, la comunicación y la transparencia, hace que las empresas y, por lo tanto, las pymes, ganen en visibilidad, reputación e imagen de marca. Para ello, es clave la formación de las personas que tienen que liderar estos proyectos alineados con los objetivos de la Agenda 2030, siendo la Red Española del Pacto Mundial, un gran activo en la impartición de dicha formación.

Para cumplir con estos criterios que definimos en este apartado del libro, es clave implantar un nuevo modelo de cultura organizacional, más transparente, que abra las ventanas de las pymes hacía el exterior, impulsando una nueva relación con la sociedad, basada en nuevos valores, siempre desde de un propósito alineado con los principios rectores de la organización, donde la ética y la transparencia, deben ser sus pilares esenciales. Todo este proceso lo deben de liderar las pymes a través de una gran generosidad, donde es estratégico, dar cuenta ante los grupos de interés de toda su gestión económica, social y ambiental, cohesionando el diálogo y las relaciones con los mismos, con el objetivo principal de diseñar nuevas oportunidades de negocio.

Otro de los puntos clave en ética y transparencia, son el impulso en las pymes de las finanzas sostenibles, orientadas hacia la taxonomía UE, una tendencia de modelo de reporte y de gestión financiera que se ha puesto en valor durante estos últimos años, siendo ya una estrategia de muchas entidades financieras, como, por ejemplo, cuando emiten un bono o un plan de inversión, alinean el riesgo con criterios verdes y sostenibles. Es un ejemplo destacable y, sobre todo, una nueva forma de actuar por parte de la banca tras la crisis financiera del 2008, donde la burbuja inmobiliaria y los productos financieros tóxicos, llevaron a la quiebra a muchas empresas y familias. Este es un nuevo concepto de integridad en la banca a través de las finanzas sostenibles-taxonomía UE, alineado con el ODS 16 y bajo los objetivos y principios de la Agenda 2030 y del Pacto Mundial.

Estas tendencias pasan por el impulso de las "Finanzas Verdes", orientadas a generar confianza ante los grupos de interés, potenciando el diálogo, la comunicación y la transparencia. En este aspecto, hay que destacar el liderazgo que está asumiendo Europa en la implantación de las finanzas sostenibles, estableciendo nuevos cambios normativos y, sobre todo, el papel de las entidades reguladoras, donde están exigiendo nuevas formas de comunicar y de *vender las inversiones financieras con criterios de transparencia*.

Las finanzas sostenibles están impulsando un cambio para conectar y recuperar la reputación perdida por las entidades financieras, basadas en una nueva estrategia empresarial de la banca, que tiene como principal objetivo, recuperar la confianza dañada en el año 2008. Unas acciones impulsadas por las organizaciones financieras, desde los principios de sostenibilidad, ética y transparencia, alineadas con el ODS 16.

Con estas nuevas tendencias como son las "Finanzas Verdes" alineadas bajo los criterios de la Agenda 2030, se ha conseguido definir un nuevo propósito por parte de las entidades financieras, más orientado a la transparencia y la rendición de cuentas, desde la honestidad. Cualquier tipo de préstamo que solicite una empresa, desde una cotizada, hasta una pyme familiar, se valorarán aspectos como la información no financiera y la trasparencia, lo mismo ocurre con la emisión de bonos, cada vez más, con mayor proyección hacia los bonos verdes y sostenibles.

La sostenibilidad, la ética y la transparencia, han de formar parte del *Core Business* de todas las organizaciones, donde hay que impulsar en las empresas e instituciones, los **Criterios ASG** (Ambientales, Sociales y de Gobernanza), como elemento diferenciador de una economía globalizada, que permita mejorar su imagen de marca generando nuevas oportunidades de negocio, así como una diferenciación en la estrategia empresarial. Para sumar en reputación, mejorar la transparencia, diferenciarse a través de la ética, reforzar los valores y, sobre todo, para ganar en confianza, es clave la calidad en los sistemas de *reporting*, impulsar en las empresas y pymes la información no financiera requiere que se puedan verificar todos y cada uno de los diferentes apartados de la Memoria, este es el reto, junto con la alineación de la información con los análisis de las acciones con los diferentes ODS que están integrados en la gestión empresarial.

Los diferentes grupos de interés demandan una mayor transparencia en la información, valorando de manera positiva el reportar a través de la Triple Cuenta de Resultados. Por ejemplo, una pyme solicita un préstamo en una entidad financiera, actualmente ya no solo sirven como justificación de la trayectoria y viabilidad económica y financiera de la empresa, las tradicionales cuentas anuales. La Memoria Anual de Sostenibilidad, aporta un mayor contenido de información, es una herramienta de transparencia que tiene como objetivo analizar la evolución de la empresa, tanto en el aspecto económico, como en el social, laboral, de igualdad y ambiental, así como su compromiso y diálogo permanente con todos los actores.

Esta obra quiere destacar la gran oportunidad de generar valor a largo plazo, haciendo realidad ese compromiso global de la transparencia sostenible, de impulsar las últimas tendencias y enfoques en reporte a través de contenidos más actuales de las acciones de la Agenda 2030 que deben formar parte de la Memoria Anual de Sostenibilidad. Estas son las últimas corrientes en aplicación de los ODS y, sobre todo, que deben recoger la Memoria Anual de Sostenibilidad para el año 2021 y sucesivos:

- Liderazgo desde las pymes-empresas familiares-autónomos.
- Transparencia: reportar-comunicar en ODS.
- Igualdad de género.
- Cambio climático: cumplir los objetivos de los Acuerdos de París.
- Economía circular.
- Reducir las desigualdades.

La Memoria Anual de Sostenibilidad, debe de ir evolucionando y adaptándose a las últimas tendencias en gestión de Agenda 2030 y adecuar los procesos de las empresas y pymes en relación con los ODS que están impulsando en sus estrategias, orientados con los temas de actualidad que impulsa Global Compact. Hay que defender la tesis, de que la Memoria Anual de Sostenibilidad es un documento totalmente "vivo" y en cada una de sus ediciones anuales, deben predominar aquellos elementos en los que las empresas más han evolucionado e implantado en la organización en materia de Sostenibilidad, ODS y Principios del Pacto Mundial.

En este apartado, hemos mencionado y explicado cómo funciona el reporte de la información no financiera de la pyme a través de la Memoria Anual de Sostenibilidad. También es importante destacar otra forma de reporte como es el **Informe de Progreso** que contiene información no financiera de las empresas socias de la Red Española del Pacto Mundial, informe basado en los principios de la ética y la transparencia, reportando información, bajo la Triple Cuenta de Resultados (económico, social y ambiental). Este modelo de informe de reporte tiene varias peculiaridades innovadoras en materia de información sostenible, que a continuación se detallan:

- Recoge las acciones de la empresa en materia de aplicación de los ODS.
- Reafirma el compromiso del director general con el *"apoyo continuo"* al Pacto Mundial y que la empresa respeta sus Diez Principios.
- Evalúa de manera transparente sus resultados en ODS.
- Recoge las buenas prácticas impulsadas en la organización durante el ejercicio de reporte.

El Informe de Progreso del Pacto Mundial, está alineado y genera información anual bajo criterios de sostenibilidad, sobre las diferentes acciones que llevan a cabo las empresas en materia de impulso de los Diez Principios del Pacto Mundial:

- Derechos humanos.
- Normas laborales.
- Medio ambiente.
- Anticorrupción.

También aporta, como no podría ser de otra manera tratándose de un documento de *reporting* impulsado por Global Compact, información referente al compromiso con los Objetivos de Desarrollo Sostenible y a los ODS más utilizados por las empresas y pymes, facilitando información de cómo se llevan a cabo sus objetivos de sostenibilidad, mediciones, comunicación, buenas prácticas, compromisos y alianzas para conseguirlos, así como, identificar cada una de las metas de acción impulsadas por la empresa.

El Informe de Progreso-Memoria de Sostenibilidad que llevan a cabo las empresas socias de Global Compact, proporciona información sobre las mejoras implantadas en cada una de las diferentes áreas identificadas por la organización, reforzando las acciones, compromisos y medición del impacto, por cada uno de los Diez Principios y por cada uno de los ODS aplicados durante el periodo anual de información facilitada por la empresa.

La sociedad nos exige un mayor compromiso y liderazgo en materia de información y de transparencia por parte de las empresas y las Administraciones Públicas; nos encontramos con nuevos modelos de reporte que, como el Informe de Progreso del Pacto Mundial, es el ejemplo innovador de muchas empresas que son socias de esta red mundial, la cual tiene como propósito, conseguir los objetivos y metas de la Agenda 2030. Cada vez más, las empresas se han de replantear el propósito y poner el foco en dos elementos básicos: la marca y la confianza, con el principal objetivo de ganar en reputación, consiguiendo dos conceptos diferenciadores: la lealtad de los clientes y el compromiso de las personas. Todo ello, alineado con el otro elemento de la suma del cálculo de la **reputación,** como es el ODS 16: Paz, justicia e instituciones sólidas, que aporta ese grado de confianza de reportar y de comunicar bajo criterios de la Agenda 2030, basados en mayores dosis de ética y de transparencia, más en la época de internet, donde la información fluye con una gran velocidad.

La transparencia y el ODS 16

Como introducción a este punto, es obligatorio reflexionar sobre la ética empresarial, la cual engloba la integración del propósito, misión, visión y valores de la organización, así como las diferentes políticas de la empresa orientadas hacia la sostenibilidad, la transparencia y el diálogo comprometido con los grupos de interés, un paso importante hacía un nuevo modelo de responsabilidad social del siglo XXI, más innovadora y alineada con los principios de la Agenda 2030, generando una nueva megatendencia en gestión empresarial y organizacional, donde es clave recogerla en la cultura y en el centro del negocio.

La sociedad actual nos demanda nuevos modelos de gobierno abierto, basado en la ética y la transparencia. En el apartado anterior, hemos analizado los principios de la reputación y el reporte a través de la Memoria Anual de Sostenibilidad, estructurada en base a la Triple Cuenta de Resultados.

En este punto, nos centraremos en la perspectiva de la transparencia y el **ODS 16**: Paz, justicia e instituciones sólidas, donde se establece el foco en dos de sus metas estratégicas:

16.5. Reducir sustancialmente la corrupción y el soborno en todas sus formas.

16.6. Crear instituciones eficaces, responsables y transparentes a todos los niveles.

Si alineamos el ODS 16 con los **Diez Principios del Pacto Mundial,** bajo criterios de derechos humanos, trabajo, medio ambiente y anticorrupción, conseguimos implantar elementos éticos en las organizaciones públicas y privadas, bajo las siguientes declaraciones:

- La Declaración Universal de los Derechos Humanos.
- La Declaración de la Organización Internacional del Trabajo relativa a los Principios y Derechos Fundamentales en el Trabajo.
- La Declaración de Río sobre el Medio Ambiente y el Desarrollo.
- La Convención de las Naciones Unidas contra la corrupción.

Nos encontramos como resultado dos criterios alineados con la ética y la transparencia. Por este principal motivo, los grupos de interés y, en definitiva, la sociedad, exigen a las empresas y administraciones públicas, nuevos modelos de gestión basados en los siguientes criterios innovadores:

- *Compliance*: códigos éticos y de conducta.
- Liderazgo en gobernanza sostenible.
- *Accountability:* rendición de cuentas.

La *accountability* es un término anglosajón que no tiene una traducción directa al castellano, lo podemos relacionar con la "rendición de cuentas".

Para cumplir con estos modelos de gestión, las pymes deben transformar y modernizar su gobernanza a través de nuevas estructuras de gobierno corporativo diseñado para cumplir con los criterios de sostenibilidad, creando la figura de consejeros externos, que puedan aportar una nueva visión en la empresa, más orientada al largo plazo, donde se generen nuevas oportunidades a través de implantar innovadoras estrategias. Lo cual permitirá diseñar pymes más sostenibles, duraderas en el tiempo y con mayor proyección en el territorio, generando nuevas oportunidades de negocio y, sobre todo, el compromiso de crear empleo de calidad y de retención del talento.

La sociedad, como grupo de interés, nos demanda un paso más, la sostenibilidad de nuestros estados contables en todos sus ámbitos, todo ello, alineado con el **ODS 16**, reforzando el concepto de *accountability,* impulsando una gobernanza más participativa y contando con las personas.

Una nueva tendencia que está acelerando todos estos conceptos de marca, es que las personas se plantean trabajar en empresas y organizaciones donde compartan sus valores y propósitos, basados en la rendición de cuentas.

En este siglo, nos encontramos ante un nuevo modelo de cultura organizacional y de retención del talento, siempre bajo la sostenibilidad y la prosperidad.

La protección del consumidor es clave en la integración de los **criterios ASG**, principalmente en los productos financieros, porque ello evitará situaciones vividas en la crisis financiera del 2008, donde muchos inversores perdieron sus ahorros por malas praxis. Para ello, es necesario implantar nuevos modelos de gobernanza, que permitan a las organizaciones criterios más sólidos y responsables, como establecen las metas del ODS 16: Anticorrupción y transparencia.

Si nos centramos en las pymes, estas no se quedan ajenas a toda esta revolución verde que estamos viviendo, nuevos propósitos alineados con la sostenibilidad y como elementos clave de diferenciación que aporten ideas de negocio mucho más creativas o bien revisar las existentes, siempre generando valor hacía los clientes, las personas y el planeta, pero sin dejar de un lado, la rendición de cuentas a través de liderazgos éticos, como oportunidad de negocio y de crecimiento.

Nos encontramos en un momento único, con un principal objetivo: dejar atrás la crisis sanitaria, económica y social, juntos, con mayor involucración, contando con todos y mucho más unidos. Para ello, el diálogo institucional y la altura de miras son claves para conseguir soluciones compartidas a través de la estrategia establecida por el ODS 16 y los Diez Principios del Pacto Mundial, en base al cumplimiento del ODS 17: Alianzas para conseguir los Objetivos, sumando desde la participación y la escucha atenta, pero olvidando modelos de negocio anteriores, donde la ética no formaba parte de los valores de muchas organizaciones, las cuales, la gran mayoría, hoy en día no existen.

Buenas prácticas en ODS

Han sido muchas las empresas que se han subido al tren del progreso para iniciar un ilusionante viaje por la Agenda 2030 y han implantado en sus estrategias de negocio los diferentes ODS, aspecto diferenciador y, sobre todo, generador de oportunidades y de diseño creativo de recoger en sus valores nuevos modelos de gestión empresarial basados en los ejemplos de la sostenibilidad, pensando en las personas y en el presente y en el futuro de nuestro planeta y, por lo tanto, teniendo muy presente el entorno donde están arraigadas socialmente.

Muchas de ellas, han querido dar un paso más, haciendo públicas bajo el principio de transparencia, las **buenas prácticas** que están llevando a cabo en sus empresas. Todo un ejemplo de poner en valor el trabajo de las organizaciones, tanto grandes, como pymes, adaptando su estrategia, con el principal objetivo de reforzar el compromiso con la Agenda 2030, aplicando los ODS y sus metas en las diferentes acciones de negocio y de responsabilidad social. Estas iniciativas diferenciadoras se encuentran recogidas en la Plataforma "buenas prácticas" de la Red Española del Pacto Mundial, donde las empresas publican sus acciones en materia de aplicación de los ODS, previa revisión por el departamento correspondiente de la Red Española del Pacto Mundial, siempre, alineadas con algunos de los 17 ODS y con los Diez Principios del Pacto Mundial.

El llamamiento que hace la Red Española del Pacto Mundial para animar a las empresas grandes y pymes a hacer públicas sus buenas prácticas,[15] está basado en la siguiente frase comercial, recogida en la web de la Red Española del Pacto Mundial: *"Aporta tu experiencia y encuentra nuevas ideas inspiradoras para contribuir a la Agenda 2030 de Naciones Unidas ¡Lidera el cambio!"*.

Una frase con mucha fuerza, que recoge los principios de la Década de Acción para contribuir desde el ámbito empresarial con la incorporación de los ODS en sus estrategias. La frase recoge palabras que no dejan de ser el trabajo y el compromiso de las pymes con la Agenda 2030, basado en liderazgo amable, impulsando ideas innovadoras y la experiencia en toda la organización.

Todo un ejemplo de liderazgo empresarial a nivel mundial que sirve para impulsar la Agenda 2030 y, sobre todo, dar visibilidad a las buenas prácticas, generando un nuevo modelo de relación con los grupos de interés, intercambiando y comunicando experiencias sostenibles y responsables. En este punto, es clave destacar el papel de los líderes de las organizaciones, pero todavía es más importante, la capacidad de reflejar las ideas sostenibles con creatividad e innovación por parte de las personas que las llevan a cabo y que las comunican para generar experiencia y ejemplos de empresas referentes en la aplicación de los ODS en sus objetivos estratégicos.

---

15. Plataforma buenas prácticas: https://compactlink.pactomundial.org/plataforma-buenas-practicas-COMparte

Son varias las buenas prácticas que se pueden consultar en la web de la Red Española del Pacto Mundial, muchas de ellas, muy innovadoras y basadas en aspectos como la dieta saludable (ODS 3), formación y retención del talento (ODS 4), igualdad de género y empoderamiento de la mujer (ODS 5), Derechos Humanos y protección de la infancia (ODS 1 y ODS 2), reducción en materia de CO_2 (ODS 13), implantación en la pyme de modelos de energías alternativas (ODS 7), procesos de innovación y transformación digital (ODS 9), economía circular (ODS 12), colaboración con centros educativos para la plantación de árboles (ODS 15), etc.

Desde esta obra, es necesario destacar el ejemplo de las empresas y de las pymes por impulsar y comunicar las buenas prácticas en materia de Agenda 2030 que llevan a cabo en sus organizaciones, pero también es necesario, animar a las empresas a sumarse a este magnífico proyecto, que genera muchas oportunidades para las organizaciones, reforzando el compromiso con los diferentes *stakeholders,* con el propósito de crear un ambiente y un diálogo inspirador, participativo y a la vez creativo.

Uno de los ODS que se habla muy poco y que cada vez estamos todos más vinculados con él, directa o indirectamente es el ODS 14: Vida submarina, que recoge la lucha contra la contaminación marina a través de la meta 14.1, principalmente por las acciones que llevamos a cabo en la tierra y que repercuten en nuestros océanos y mares y, por lo tanto, a todas las especies marinas mediante su desaparición y degradación.

Como ejemplo de liderazgo empresarial en la defensa de los mares y de los océanos, es loable destacar el que lleva a cabo cada verano una conocida compañía fabricante de cerveza, que bajo la marca *"Meditarráneamente"*, pone en valor a través de sus anuncios televisivos y en redes sociales, la defensa de la sostenibilidad de los mares y, sobre todo, los valores ambientales y del voluntariado, recogidos en la Agenda 2030.

Pero no solamente hay que destacar los ejemplos que llevan a cabo las empresas en materia de Agenda 2030, son muchas las acciones que realizan cada día las personas y familias comprometidas con los valores de la sostenibilidad y del medio ambiente, como pueden ser por ejemplo, la mejora de la eficiencia energética en los hogares, el reciclado de los residuos domésticos y el uso de medios de transporte más sostenibles, como el transporte público, contribuyendo a la mejora del planeta, pero implantando prácticamente sin saberlo los diferentes ODS y reforzando su compromiso con la Agenda 2030.

Otro ejemplo para ilustrar las buenas prácticas e iniciativas en materia de implementación de la Agenda 2030, es el que ha puesto en marcha la Universidad Nacional de Educación a Distancia (UNED), que a través de su Facultad de Ciencias Políticas y Sociología ha implantado para el curso 2021-2022, el micrograde: *"Retos de las sociedades en el horizonte de los Objetivos de Desarrollo Sostenible"*.[16]

---

16. Plan Formativo Micrograde: http://portal.uned.es/portal/page?_pageid= 93,71458596&_dad=portal&_schema=PORTAL

Nos encontramos ante otro caso de liderazgo, en este caso, impulsado por una universidad pública, la cual siempre ha mantenido un compromiso con el territorio, a través de sus sedes, con el objetivo de divulgar entre la sociedad, las aspectos y retos de la Agenda 2030, con dos ideas claves, alineadas con los siguientes ODS:

1. Desarrollo del talento: ODS 4.
2. Nuevas oportunidades de empleo: ODS 8.

El plan formativo universitario impulsado por esta universidad lo podemos definir como novedoso pues implanta como ejes educativos los siguientes objetivos:

Conocer los retos y problemas sociales que abordan los Objetivos de Desarrollo Sostenible.

Desarrollar un conocimiento profundo sobre los retos y problemas de los ODS abordados por las asignaturas que se cursen.

Comprender el carácter estructural y sistémico de los retos y problemas sociales y la necesidad de respuestas que aborden ese carácter.

Ubicar los retos definidos por los ODS en el marco de los derechos humanos, así como en otros derechos individuales, sociales y políticos.

Adquirir las competencias para el análisis y estudio de los retos sociales que definen los ODS.

Identificar a los actores que intervienen en la resolución de los retos sociales recogidos en los ODS, así como las políticas y programas que los abordan.

Indagar en las vías de intervención ante los retos y problemas que plantean los ODS para la construcción de sociedades más justas.

Otro aspecto diferenciador de este microgrado en Agenda 2030, es el del perfil del estudiante, quedando muy abierto a todos los públicos, tanto del ámbito estudiantil, sector público o empresarial, que quieran conocer y profundizar sobre los retos de la Agenda 2030 y los ODS, con un objetivo, impulsar en todas las organizaciones, nuevos modelos de gestión basados en los ODS.

La UNED con este microgrado en Agenda 2030 y otras universidades, han escuchado las demandas de la sociedad, a través de recoger las necesidades y expectativas que los ODS están generando en todos los sectores, tanto en el ámbito empresarial, como en las administraciones públicas, y transformarlas en un currículo académico de calidad a través del ámbito universitario.

Una apuesta educativa, alineada con el ODS 4: Educación de calidad, el cual va a permitir generar oportunidades para la propia universidad pero, sobre todo, para los alumnos/as que se matriculen en el microgrado, porque aparte de reforzar su formación y el talento, el cual se devuelve a la sociedad, las empresas e instituciones contaran con personas cualificadas en materias que, cada vez más constituyen parte de las tendencias más demandadas y por lo tanto, generando interesantes salidas profesionales, aspecto alineado con el ODS 8: Trabajo decente y crecimiento económico.

Estos innovadores ejemplos, significan un compromiso firme con la Agenda 2030 y la implantación de los 17 ODS, con la preocupación por el planeta y por el territorio, con pequeños gestos y prácticas positivas, conseguimos mejorar la calidad de vida y las oportunidades de la presente y de generaciones futuras. Ello significa que un nuevo cambio de cultura sostenible está incorporándose en los modelos de gestión empresarial privada, pública, universitaria y también las personas y las familias están liderando estos compromisos y retos globales a través de ejemplos locales.

Tanto las **buenas prácticas** como los diferentes **compromisos públicos** que muchas empresas, tanto grandes como pymes, están llevando a cabo en su gestión con los ODS, no dejan de ser un alineamiento con el propósito de la empresa, que a través de la difusión y comunicación de los diferentes ejemplos innovadores en materia de buenas prácticas con la Agenda 2030, no dejan de ser una nueva forma de ayudar a las demás empresas a inspirarse y sobre todo, reforzar esa misión y visión ilusionante de impulsar los ODS en su estrategia empresarial y reafirmar el compromiso con las personas y el planeta.

Un ejemplo más de establecer desde las empresas y pymes, son el logro de objetivos ambiciosos a través de llevar a cabo una medición, una posterior comunicación y dar un paso más, siempre bajo criterios de transparencia, compartiendo las buenas prácticas y sus compromisos públicos alineados con herramientas estratégicas y creativas de *marketing,* dando una gran visibilidad a las organizaciones.

Conclusión: Agenda 2030 ¿y ahora qué?

Hemos llegado al final de la obra y es el momento de reflexionar sobre las principales ideas de esta guía, donde se han analizado los Retos de la Agenda 2030, principalmente en el ámbito de la pyme, autónomos y de la Administración Pública, especialmente desde los ayuntamientos, un análisis llevado a cabo desde la perspectiva de lo micro, desde lo más próximo a las personas.

Como principal conclusión, podemos establecer la siguiente: las empresas, pymes y administraciones públicas como son los ayuntamientos, que no integren sus estrategias con los objetivos de la Agenda 2030, verán muy difícil a medio y largo plazo su viabilidad, porque se quedarán descolgadas de todos los objetivos de sostenibilidad, y de los grandes criterios universales, como son los 17 Objetivos de Desarrollo Sostenible que han pasado a ser una demanda prioritaria de los grupos de interés. Hay que destacar la importancia que aporta la Agenda 2030 a través de sus 17 ODS para mejorar la calidad de vida y la prosperidad de las personas y del planeta, más en la Década de Acción, donde se trata del último llamamiento que hace la ONU a todas las organizaciones, principalmente a las empresas, con el objetivo de alinear sus estrategias empresariales con los ODS, minimizando las amenazas mundiales.

Es estratégico el impulso de nuevos liderazgos amables, sostenibles y participativos, para que desde las pymes, independientemente de su tamaño, implanten en sus líneas estratégicas de negocio, los Objetivos de Desarrollo Sostenible y sus diferentes metas, todo un ejemplo, de anticiparse a las demandas de los *stakeholders* con el criterio de diseñar nuevas oportunidades de apertura de mercados y de líneas de negocio.

La Administración Pública, debe dar ejemplo en el liderazgo de la Agenda 2030, desde un proceso innovador y, sobre todo, bajo la participación ciudadana, siendo los ayuntamientos la administración más idónea para su implantación, primero, por su proximidad al ciudadano y segundo, porque recogen muchos de los principios que establecen los 17 ODS y sus 169 metas, como, por ejemplo, el ODS 3: Salud y bienestar y el ODS 8: Trabajo decente y crecimiento económico.

Tanto las pymes como los ayuntamientos deben definir su propósito pensando siempre en las personas, la salud y las oportunidades de empleo, de igualdad y de retención del talento. Por ese motivo, han de contar que sus empleados o personal funcionario de la administración pública deben impulsar un proceso de formación alineado con el ODS 4 y para ello, tanto los centros educativos como universidades y escuelas de negocios, han de sumarse a impartir los principios de sostenibilidad y Agenda 2030 en sus planes formativos.

Iniciativas como el *"SDG Ambition: Ampliar el impacto de las empresas en la década de acción"*, que Global Compact y la Red Española del Pacto Mundial han puesto en marcha en un nuevo proyecto que tiene como objetivo: ampliar la ambición empresarial de los Objetivos 2030 de la ONU.

El proyecto SDG Ambition está enfocado en aprovechar los diez años que nos quedan para llegar al 2030, desarrollando el compromiso de las empresas por impulsar los **Objetivos de Desarrollo Sostenible** en sus líneas de negocio, satisfaciendo las necesidades de la sociedad y del planeta e integrando la sostenibilidad en la estrategia empresarial.

Hay que subrayar tres aspectos claves como conclusión de este libro:

1. El papel decisivo de Europa en la Agenda 2030 a través de una economía verde, digital y sostenible, recogida en los criterios de los Fondos Europeos.
2. Impulsar en las pymes y ayuntamientos nuevos modelos de gobernanza más éticos, sostenibles y transparentes.
3. Diferenciarse a través del reporte de información no financiera, como la Memoria Anual de Sostenibilidad.

Hay que integrar en el ADN de la empresa el cumplimiento de los **Diez Principios del Pacto Mundial** y enfocar sus estrategias hacia los ODS, siempre desde la participación, el diálogo y la comunicación ética y transparente con los *stakeholders*. Este libro también pretende poner en valor la importancia de reportar la información de las empresas-pymes, bajo conceptos de ética y transparencia aplicado el modelo de la Triple Cuenta de Resultados (económico, social y ambiental). Para ello, se han analizado dos modelos de información no financiera que disponen las pymes y se encuentran alineados con los criterios de responsabilidad social y de generación de oportunidades de rentabilidad:

- Memoria Anual de Sostenibilidad.
- Informe de Progreso para las empresas socias de la Red del Pacto Mundial.

Esta integración de los ODS en las estrategias de las empresas y especialmente en las pymes se pone de manifiesto en las "buenas prácticas" y en los compromisos públicos en materia de Agenda 2030 y de responsabilidad social, siendo estas iniciativas innovadoras fuentes de ejemplo e inspiración para impulsar, desde lo positivo y con casos de éxito, la implantación de los ODS en las diferentes líneas de actuación de las empresas, principalmente en las del eje de esta obra, las pymes.

A este proyecto creativo de "buenas prácticas" debería sumarse la Administración Pública, la cual ya está dando pasos en la implementación de la Agenda 2030 a través de un nuevo concepto de políticas públicas, más éticas, sostenibles y transparentes, mediante la implantación de la Agenda 2030 Local, generando valor añadido en la comunidad local.

Tras el informe de la Red Española del Pacto Mundial, *"ODS, AÑO 6. La Agenda 2030 desde un enfoque sectorial: creando sinergias entre las empresas"*, se diseñan nuevas tendencias en Agenda 2030 para el período 2021-2022, a través de un liderazgo sectorial, afrontando el reto de impulsar los ODS comunes por los diferentes sectores económicos y, sobre todo, reforzando el papel de la pyme.

Queda mucho por hacer, es momento de actuar, de pasar a la acción, integrando en la Administración Pública, en las pymes y empresarios autónomos, nuevos modelos de gestión estratégica, donde la Agenda 2030 sea un eje transversal para implementar diferentes ODS y sus correspondientes metas, paso a paso, sin detenernos. En este punto, hay que destacar la importancia del ODS 17: Alianzas para conseguir los Objetivos, porque se trata de un proyecto colectivo, que nos afecta a todos.

Otro de los retos sostenibles que deben afrontar las pymes y las administraciones públicas, también los ayuntamientos, son la reducción de las emisiones en gases de efecto invernadero según lo establecido por el horizonte 2050 y relacionado con los Acuerdos de París.

Desde esta generación, tenemos la obligación de trabajar por el Desarrollo Sostenible llevando los ODS en nuestro ADN con un claro compromiso por la igualdad y la sostenibilidad, pero sin olvidar la importancia de generar empleo de calidad y de oportunidades para todos, especialmente para los más jóvenes.

Uno de los retos de la Agenda 2030 y de la sociedad, es el compromiso con la igualdad de género (ODS 5), que pasa por un liderazgo que impulse el papel de la mujer en las organizaciones, no solamente en puestos directivos, sino en puestos de alta dirección y, sobre todo, en los órganos de decisión, es decir, en los Consejos de Administración, donde siempre ha predominado la presencia masculina.

Para finalizar este apartado, quiero agradecerles la lectura de este libro y, sobre todo, invitarles a unirse para sumar y formar parte del movimiento global de la **Agenda 2030.** Juntos, conseguiremos un planeta mejor y una mayor prosperidad para las personas, impulsando los Objetivos de Desarrollo Sostenible, contando con las pymes, los autónomos y los ayuntamientos como embajadores y protagonistas, siempre sin dejar a nadie atrás.

Créetelo, ilusiónate y, sobre todo, pongámonos a trabajar unidos para conseguir este reto tan ilusionante, como es la Agenda 2030.

La finalización de este libro coincide con el inicio de la Cumbre por el Clima 2021 que se celebra en Glasgow. Espero que se tomen acuerdos acertados para cumplir con la Agenda 2030.

Si desea contactar con el autor puede hacerlo a través de sus redes sociales:

LinkedIn:
https://www.linkedin.com/in/miguel-luis-lape%C3%B1a-cregenz%C3%A1n-869a0420/

Twitter: @miguelluis_2015

Facebook: Miguel Luis Lapeña 2015 un proyecto innovador

Instagram: @miguelluislapena

e-mail: mlapena@uoc.edu

EDITATUM

Libros para crecer

www.editatum.com

www.ingramcontent.com/pod-product-compliance
Lightning Source LLC
LaVergne TN
LVHW041702180726
843489LV00017B/463